こたつの上の水滴

萠《もえぎ》庵《あん》骨《こっ》董《とう》雑《ざっ》記《き》

山本 萠

YAMAMOTO MOEGI

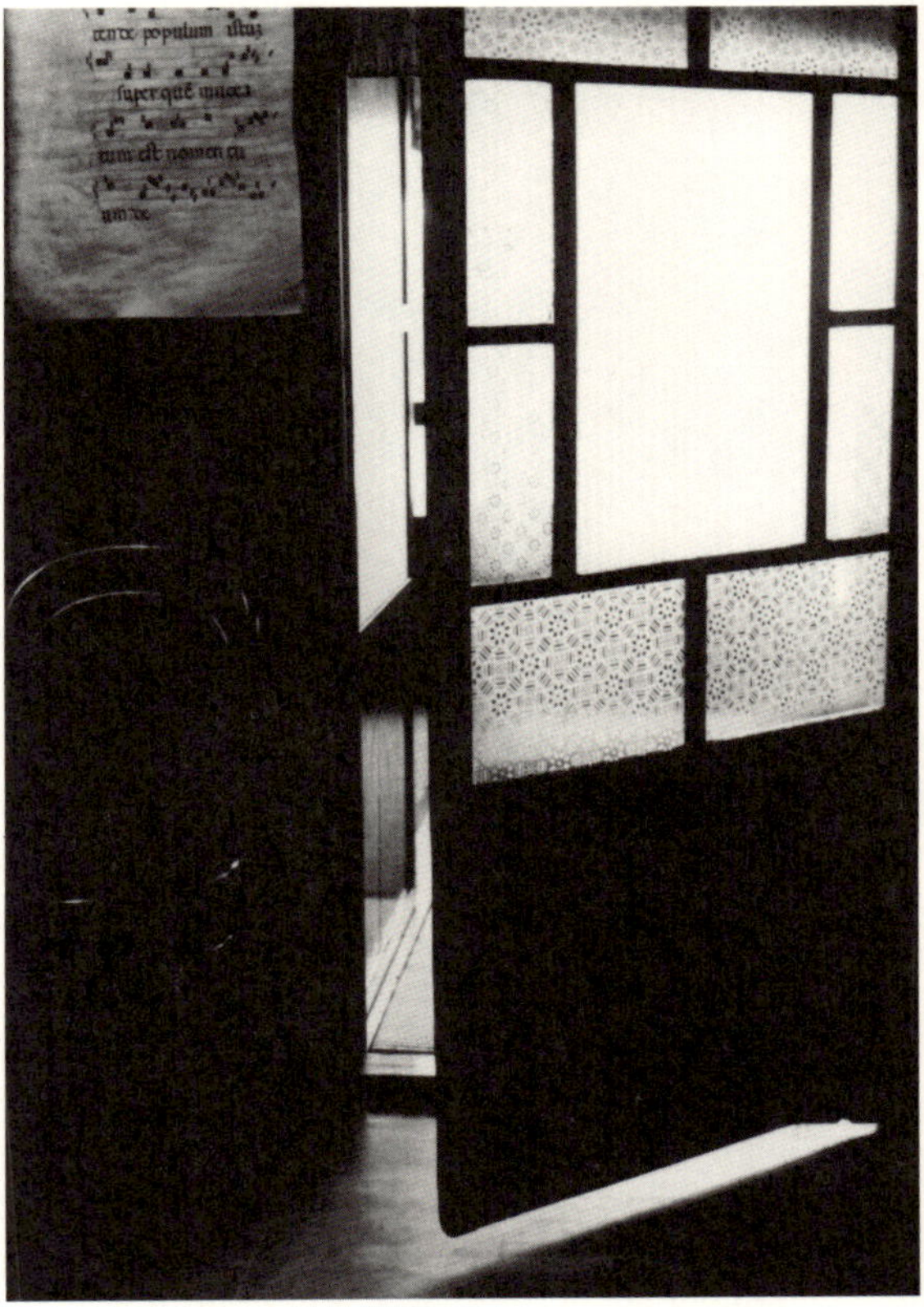

コールサック社

こたつの上の水滴　萠庵骨董雑記

目次

I

陶片の花野

II　無常の坏

こたつの上の水滴

萠《もえぎ》庵《あん》骨董《こっとう》雑記《ざっき》

山本萠

I

陶片の花野

瀬戸水滴（幕末～明治時代）　高さ 4cm　横巾 5.3cm　奥行 4.7cm

こたつの上の水滴

卓上に、白磁の水滴がある。

台所から汲んできた小さな水滴の水を硯《すずり》に注ぎ、ゆっくり時間をかけて墨を摺《す》る。

今時の書家は、墨摺り機に墨を摺ってもらうか、あるいは液体状の墨液を用いることが多いようで、文房四宝の一つである水滴が、机上にないことも一般的だろう。

しかし、何故そんなに急いで書くという所作から始めてしまうのだろう。

そうして、何を表現するというのだろう。

のの字、のの字をやわらかく重ねてゆくとき、誰しもかつては無心のひとときにたゆたった憶《おぼ》えが蘇ると思う。一見無駄なようなその時間が、ほんとうは書を書く人の手をそっと支えているのだ。反故《ほご》の紙に、墨の濃淡を確めながら単純な動作を繰り返す。ふくらみのあるその時間を私は大切に思う。

書を書くための仕事場がないわが家は、肌寒くなってくると、押し入れからこたつを出してきて、仕事机も食卓も読書机も兼ねるのだが、冷え症の私の強い味方のこたつの上には、常時一つの水滴がある。

李朝や伊万里でなく、時代も明治頃かと思える瀬戸で、数ある型物のうちのごく凡庸な一個である。

しかし、古道具屋を探してもこんななんでもない水滴は、容易《たやす》くは見つからないだろう。これほど清涼な水滴も、滅多《めった》にないだろうと思う。

装飾を排し、用にのみ徹した形姿がそのまま〈美〉に転化していて、こたつの上に在るだけで、日々の目がなごむ。

その白磁は、李朝のようにコクのある引き緊《し》まった白ではなく、伊万里の明るいやわらかさとも異なる。真っ白というよりはややグレーがかった白で、雪よりみぞれの白さに近い。包丁で豆腐を四角に切ったような形で、底辺の四隅に低い足が付いている。真横から見ると、本体は三ミリ程空中に浮いた恰好だ。

水を注ぐその口にも細工は施されず、角の二か所に素気ない穴が小さく明いているだけである。器体はかなり薄作りのようで、水がたっぷり入る。それが無精者《ぶしょうもの》には有難い。

何の変哲もない水滴に、はっとするほどの生彩をもたらしているのが、胴体下部のヘラの跡である。

四面の内三面に、胎土に釉掛《くすりが》けする前に、竹ベラか何かでさっと薄く土を削り取り、整形している。それはゆるやかな波文のようであり、抽象の文様にも見えて、器体に無作為の陰影を刻んだ。

「この、ヘラで削った跡がね。なにか、たまらないですね」

白磁展を開催した古美術砧《きぬた》の店主に、私は思わず語りかけずにはいられなかった。

「いいんですよね。白もやわらかくて。ありそうで、なかなかないんです」

地方を歩いて、地味な美しいものを見つけ出してくる店主に、うん、うんと頷《うなず》きながら心から感謝の念を捧げた。

白という、色であって色を失した色調に、秘められて見えない作り手の、心を読む。

色が無いことで、有る以上に露《あら》われている無のコトバ。

この水滴に限ったことではないが、一つとして同じ階調のない白磁の、静謐《せいひつ》にして豊穣のそのありように、私はやきものの極点を見る思いがする。

かつて私は、李朝染付《そめつけ》の四角い水滴を大切にしていた。

経済事情でそれを手離してからは、どんな水滴も身近に置かなかった。硯に水を満たすのに、二十才の頃に購った銅の水注で代用した。焦って探そうとしなかった。

魔が差すようにふっと何ものかの気配に誘われてゆき、あの山水文の、宝のようだった水滴を売ってしまったのだ。

その後の、何かが欠落したままの心には、いったいどんな水滴がふさわしかっただろう。

心のよすがとしたものを捨てることで、私は私自身を投げ捨ててしまったのだった。

何の展望も見い出せなかった、若い傲《おご》りの日々。

今も時折憶い出す。

染付の細い線で描かれた寥々たる遠山《とおやま》。幻のような山をのぞんで、野の風に無心に吹かれている草々。

一個の小さな水滴に現前する光景こそ、わが原風景であった。生計のめどさえ立たない窮乏の時代に、苦い砂のごときものを嚙み、水滴という、内界を潤すものから遠去《とおざ》かって生きようとした。

東京西荻の、古美術砧での白磁展に出会うまで、二十年近い歳月が流れていた。疲労が続いて先が見えない私の目にも、無文の白磁が優しかった。大きくはないのに、茫洋として見えた。捉えどころがないようなあるような寡黙な存在は、目の端にあってもあたたかだった。

数年前に、人間国宝となった陶芸家の水滴を、ある人から贈られたことがある。

かなり小振りのやきもので、緊張感の走る造型に技の冴えが光って見えたが、私にはなじめなかった。上部の面に、青い染付の釉《うわぐすり》と茶色の鉄釉《てつぐすり》で花の形の線文様が描かれ、円型の中央に水を入れる大きな穴が明いていた。その上部の端に、急須の口を小さくした注ぎ口が天に向かって付いている。胴部は高台《こうだい》に沿って裾すぼまりで、水量はごく僅かしか入らなかった。今も箱ごと戸棚に仕舞っている。

そのたくみな水滴を眺めて、それから白磁の水滴に目を移すと、私はなんだか赦されたような気がして、ほっとした。決して人間国宝の作が劣るのではない。雨が降れば音立てて雨漏りのするこの貧屋には、誰が型を抜いて作ったともしれぬ一陶工の、とめどなくやわらかい、ぼおーっと鷹揚《おうよう》な姿の水滴こそふさわしい。

一年前から、わが家に棲み着いている流れ者の雄猫、ロン。彼は前肢《あし》が一本折れていて、さらに片目がない。そのない目からとめどなく伝わる泪のような膿《うみ》を拭うとき、急いで水滴の水でちり紙を湿らせる。

ロン。いい子だね。

そう言いながら、汚れた目の周囲も、こびりついた鼻汁も、ゆっくりと拭ってやる。されるがままになったロンと私の間に、無上の優しい一瞬が流れ、私はその白い水滴をそっとこたつの上に戻すのである。

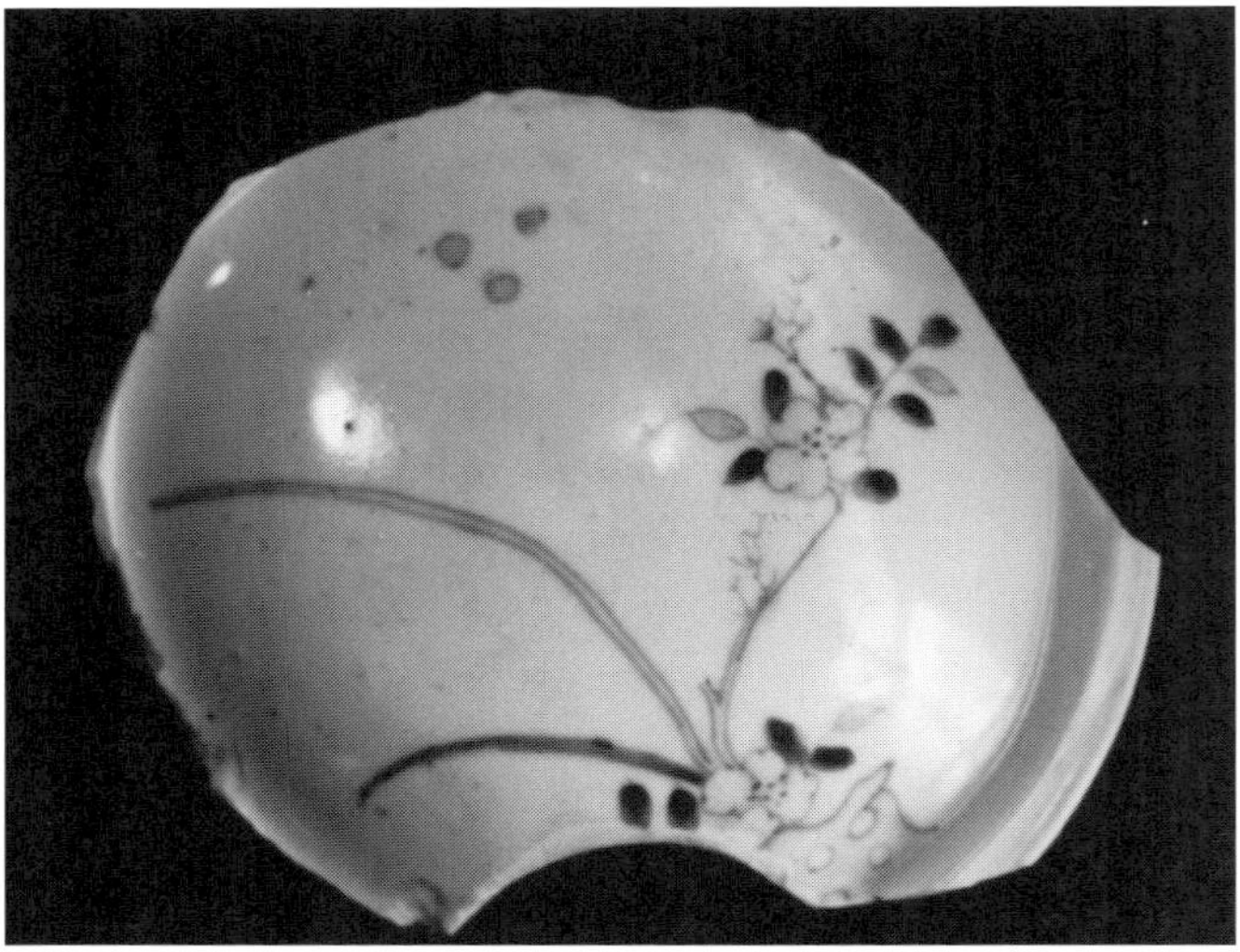

初期伊万里陶片（江戸時代初期）　径 23cm

陶片の花野

その日は朝から床に臥《ふ》していた。起き上がろうとしても、体の中心部に力が入らず、すぐふらふらと倒れ込んでしまう。

どんよりした暗雲が空を厚く塞いでいて、地中に埋没しそうな気分であった。表通りをダンプカーが列をなして走行しているのだろう。地響きが止まらない。

ここではない、もっと美しい何処か……辛くなると、一人かぶりを振りながら、わが裡《うち》なる〈桃源郷〉をゆめみる。

午後になって、「お荷物です」の声に玄関に出てみると、埼玉県飯能《はんのう》市の山に棲む陶芸家Uさんからの届け物である。その場で荷解きしたら、なんとダンボール箱の中は、野の花づくしであった。

切り口は水を含んだ脱脂綿でしっかりくるまれ、二人静、あざみ、すずめのやり、稚児百合《ちごゆり》、野げし、ハンショウヅル等々、宅配便での旅の疲れも見せず、山の霊気を放射しながら鎮《しず》まっている。椿窯の周辺に咲き乱れる山野の草花を、私のために摘んでくれたUさんの心遣いが、しみじみと有難かった。

急いで洗面器に水を満たし、一本ずつ水切りをしていく。幽《かそ》かな花の香を嗅ぎ、野山の瑞々しい色を帯びた生命そのものに触れていると、私にも草々の生命力が、少しずつ少しずつ伝わってくる。

切った生命を頂戴して、人間の魂が蘇生するとしたら、それは人間の傲慢であるだろうか。

枝を不自然に撓《たわ》め、葉をホッチキスで止めて、ぐさりと剣山で形をつける華の道を身近に知った時、技で競い合う人間の傲慢《ごうまん》を許せないと思ったことがあった。

あの時からずっと、花とは何であるのか私には解らない。しかし、手先で弄《ろう》して、自己満足を人々に見せる華みちのありようは、花以前のことではないだろうか。

長く華道を習い続けている友人の一人が、「花を活ける時、自分は花と格闘している」と書き送って来たことがあった。「花と格闘」とは、これほど花に不似合いな言葉もないだろう。

天水を享《う》け、太陽の恵みを戴いて、この世に生まれ出た草花の生命を断ち、再び水を張って生かそうとする際、生かされているのは、まこと人間なのだと誰しも思い至らぬわけにはいかない。地上の清浄なものの姿を、ふかく心にたたむのである。

私はこれまでに「花と格闘」など、したことがない。

稚児百合は、伊万里白磁の首の長い徳利《とっくり》に、半鐘《はんしょう》型のつぶらな紅の花が咲くハンショウヅルは、黒釉の朝鮮の平鉢に、あざみやすずめのやり、野げしなどは背の高い匣鉢《さや》に落としを入れて、濡《ぬ》れ縁《えん》に出した。

二人静は、大きな葉の上に白い地味な穂が出ているだけの目立たない草だが、二人、ではなく、三人で首を伸ばして語り合っているようなのがほほえましくて、発掘の古瀬戸の壺に挿《さ》してからもしばらく見とれていた。

南青山の古民藝もりたさんに立ち寄ったら、初期伊万里の花の絵の残欠が、まっ先に目に飛び込んできた。あっと思わず洩らして、大きく反り返った失敗伊万里の、一りん二りん花の咲く風景に、しばし私も佇んだ。

とろりと青味がかった磁肌に、濃淡自在に描き分けた呉須《ごす》の、目に染みる清らかな色。一重の白い山茶花だろうか。あるいは、野性そのものの野茨だろうか。

左のほうに弧を描いて伸びた枝には、何故か葉も花も付いてはいない。上方のたっぷりした空間に、花びらとも、露とも見紛う丸が三つ。細い線でふち取りされて、その中を淡く塗りつぶしてある。

つぶらに初々しく咲いている花を視、花の声を聴き、この不可思議な三つの点々を視ている。きっと、花びらが舞っているのね、そう一人決めして、温かいまなざしの店主に包んで戴いた。

簞笥の上の皿立てに飾って、日に何度も陶片の中の花を視にいく。花のある風景を描いてしまった人の、こころに会いにいく。

焼き損いで捨て去る時、余韻漂うこの優しい景色と、作り手はどう別れたのだろう。花野の傍らに佇みながら、空中に舞う美しいものの揺らぎを、幾たびも私は視上げる。

テラコッタ婦人頭部　ローマ（2～3世紀）　4.3cm

伊万里からローマまで

春の一日、古びた会館での小さな骨董祭に出かけた。

一店舗に畳一枚、という窮屈さで、品物を並べると店主の坐る場所がなくなるほどだが、見る方にはそのごちゃごちゃが懐かしい祭気分を盛り上げてくれる。露店の解放感はないが、戦前の建物がもつ鄙《ひな》びた大らかな様相（暗がりと明るみとが同居していて）に、私たちみんなが（人もものも）包み込まれているような安心感がある。決してコンクリート造の建物からは感じられない温かさに、私はほっと息をついた。骨董という、時代の長い流れの中でいのちを吹き込まれてきたような品々を見るには、うってつけの場所だった。

ある店で、何気なく目に飛び込んできた初期伊万里の陶片に手を伸ばしたら、旧知の人がすぐ隣に坐り込んでいて、「まだそういうものが好きなんですね」と声をかけられ苦笑した。

「見ちゃうとね、やっぱり好きだなって思うの」

「私は途中で変わりましたよ、好みが」

「どうしてか私は変わらないんです。不思議ね。いくら持っていても、かけらでも、そうなのね」

と顔見合わせて笑い合った。

その人は実用食器などを選んでいて、私は何かの役に立つことはまずないだろうと思われる、ぶち割れの初期陶片を包んでもらった。私自身がその先へと成熟してゆかない性質の人間だとしても、好きなものを目にしたとき、三十年も昔から今も変わらず新鮮に胸をときめかすこの感覚は、われながらいったい何なのだろうと思ってしまう。

けれども、蒐集家《しゅうしゅうか》のように意図をもってものを集めるというあり方には、関心がないのだ。所有欲が、元々私にはあまり備わっていないので、出会ったその瞬間にひらめくと、素直に譲ってもらうだけだった。自分ながら説明のつかない、視界に映ったときの、一瞬に惹き寄せられていく感覚を、〈郷愁〉のようなものかとも思ってみる。

理由があって初期伊万里に魅せられてきたわけではない。

初期伊万里ならなんでもいいかといえば、そうでもない。ただ好ましいものが初期に多いことは、たしかだ。

端的にいえば、わが国で初めて江戸時代の最初期（というより桃山末期ごろ）に焼成された磁器の、未完の、初々しい美ということに尽きるだろう。

その形状も、釉調《ゆうちょう》や呉須《ごす》の色合いの深い調子も、そして何より染付の一見拙く見える絵付に、犯かし難いような神性が宿る。のちの時代の器物には現れ得ない、精神の高みのような韻《ひび》きが、小さな猪口《ちょこ》の、ぶち割れのかけらにさえとどめられているのである。

それは平凡な山水文であった。

高さ四センチ、口径六センチの、高台付《こうだいつき》のころんと丸い猪口だ。窯中での歪みや火ぶくれがあり、土の塊などが器の表面に降り積もり、割れて半分近くが欠損していた。

いたましい毀《こわ》れようではあるが、白い磁肌に点在する島や岩や木々、山脈《やまなみ》の寂けさには穢《けが》れたものがないのだ。当時、高価だった山呉須を惜しみつつ用いたような粗略な図の、余白が、描いてある以上のものを器面にそこはかとなく漂わせている。

点在するその光景には、渺々《びょうびょう》と風の吹き渡っているのが見える。私たちの先祖の、さらに遡《さかのぼ》ったはるかな先の故郷に立つ、ただ一本の松の幽玄に気づかないわけにはいかない。松であるか否かを超えて、永遠の風光が線描とその余白によって、小碗の残欠に現出しているのである。

描かれていない部分こそが、無限の空であり、果てしもない海なのだった。

理屈ではない。この浄らかな小さな存在によってさまよう視線がひたっと静止したとき、私は自分の還るべき源境に、魂が顫え出すのを自覚した。初期伊万里というのは、そのようなやきものなのだと改めて思う。

＊

それから会場で合流した友人と二階へ上がって、渋いものばかりひっそりと並べている店で、私たちは坐り込んだ。山茶碗も、古瀬戸の小皿も、デルフトの白いタイルも、緑青をふいた銅鏡も、いずれもみな好ましかった。

先に一巡したとき見落としていたのだが、小さい土の塊が二つ、ビー玉のように無雑作に机に置かれているのが目に入った。手にしてみて、あっと声が出た。二つとも古い古いテラコッタの頭部だった。

「ローマなんです。二、三世紀頃でしょうか。小さいのは少年で、もうひとつは女の人の顔ですね」

〝余白〟と記された店の主人が、微笑しながら説明してくれた。

親指大ほどの婦人頭部を手にすると、一瞬にして了解されるものがあった。具体的な何かとして、解ったわけではない。そこで初めて触れたのだが、もしかしたらこのひとかもしれない、という人間存在への認識のような、あるひとつの納得が私を浸した。私は誰かを探していたのではない。そうであるのに、（西洋の）そのひとを知っているようだった。

土である古代の婦人の大きな双眸は、愁いに濡れているように見えた。左上方の窓からの明かりに、右半分の面には深い翳《かげ》りが生じた。もの言いたげな、いましも動き出しそうな口もとの表情。鼻はわずかに欠損していて、頬の両側に不均衡な大きい耳がついているが、その美しさを損うものではなかった。

だが、頭部以外は残っていないので、元の姿は不明である。レリーフ状の形態と、この寸法から群像の中の一人だったのだろうと想像するばかりだ。

この婦人頭部を持ち帰り、こたつの上に置いて毎日眺め、顔の裏部分に面白いものを発見した。上部のごく一部分に、指紋が刻まれていたのだ。かつて中国の古い土器にも、同じく指紋を発見したことがあったが、こちらは天上からの繊《こま》やかな光の筋のように、斜めに白く切なげに残ってしまった。

天使か、女神像かと思われるテラコッタの裏側に、長い長い歴史を突き抜ける作り手の、ひそやかな気配！　二千年近い歳月も、ついこの前であったような、懐かしいあたたかい、温もりさえ感じさせる人間の気配であった。

夢心地のまま私たちはあの日会館を後にしたが、伊万里からローマまで、ずっとここにいて、途方もない時空を旅したのだった。

初期伊万里山水文小碗（江戸時代初期）　高さ４ｃｍ

行きずりの人

初秋の渇いた風が、心地よく部屋を通り抜けていく朝だった。朝食のあと、私は椅子に坐ってぼんやりとお茶を飲んでいた。

「初期伊万里が、私は好きなんです」

ふと女の人の沈静した声が、庭の方から立ち顕《あら》われるように聞こえてきた。

庭に、誰かがいたわけではない。竹群がさざめいて、白い光の中できらきらと鋭い葉が炎え立ち、久々に目に映る陽光が美しかった。

そんな辺りから不意にその人の声が聞こえたのだ。

二十五年ほど昔、新幹線の車中で偶然隣合って坐った、行きずりの人だった。短い時間話しただけだったが、年長の知的な雰囲気をまとった彼女は、若かった私に鮮烈な印象を残した。

人間の記憶というのは、なんと不思議なものだろう。

しかし、当時の私は、身辺のめまぐるしさに呆然たる日々を送って、殆ど憶い出すことさえなかった。無意識という領域の深みで、ひっそりとその人は私の側に存在していたのだろうか。

「初期伊万里が好きなんです……」と、あの時、魂の上澄みの、最も穢《けが》れていない部分を指し示すように、その人は言った。

当時の私は大壺に熱中しながら、心のよすがとして仰ぎ見るように、初期伊万里に惹かれていたのだ。秋草が一筆で描かれた小さな猪口や、蝶の図の小皿や、何なのか判然としない（山水図らしき）線描の小碗など、たまらない魅力があった。

いずれも疵《きず》だったり、歪んでいたり、陶片だったりした。いかに小さい陶片になっても、一目瞭然、初期伊万里とわかる香気のようなものをまとっていた。後の時代には見られない、清爽《せいそう》たるひびきのようなもの。翻《ひるがえ》る大気のきらめきさえ、器面の余白に透けている。

私は手許にある陶片たちを机上に並べながら、あの人の声が届くのに、かかった歳月のはるけさを憶《おも》った。

もしかしたらそれは、私自身が自分というものを振り落としていくのに必要な、長い長い月日であったのかもしれない。

花の日々

私の棲む借家のすぐ近くに、白木蓮の大木がある。三月の半ば頃になると、それまで秘めていた名をそっと明かすように、「白木蓮まだかしら」と友に語りかけ、開花前のしんとした空を一人で仰ぐことが多くなってくる。三月も末になって、ようやく開花したらしいさまがうかがえると、遠廻りの道を辿って花の傍に行く。懐かしいひとにまみえるような胸の弾みようである。

金網越しに近づいて行き、私は友と木の下に佇った。見上げれば空一面に拡がった枝々に、クリーム色がかった白い大きな花々がいっせいに咲き出したばかりであった。「はくもくれん」と心の中で呟いて、むせぶほどの眩《まばゆ》い花の息を吸った。ふと私自身が花になっていく一刻が流れる。

蒼穹《そうきゅう》に挑みかかるかのような、尖ったまだ硬い蕾があり、早々と肉厚の花弁を土の上に落としているものもあった。ひよどりがかまびすしく樹中を往き交い、小さな四十雀《しじゅうから》が何喰わぬげに下方の枝で尾をふるわせている。花は菩薩のように柔和な微笑を湛えて、その玲瓏《れいろう》たるふところで鳥たちを遊ばせているようだった。日曜日の午後は、周辺のマンション工事現場の騒音も止んで、恵まれた束の間を一心に熟していくと思われた。

二週間ばかり前、私は二十数年振りに京都へ出かけ、祇園古門前の骨董街を歩いた。入りやすそうな店を一軒ずつ覗いて、また次の店へと足を伸ばす。地理に疎い私は、次第に何処をさまよっているのか判らなくなり、そんなことさえも見知らぬ地では心が浮き立った。骨董を買うことは目的ではなかったが、ある一軒の店で李朝初期のありふれた白磁皿を二枚買った。どちらも発掘で、焼き上がりが少々甘かった。雑器としての重ね焼きのための目あとがえぐれたようになっていたり、窯疵《かまきず》の割れが中央に走っていたり、一部分口縁が欠けている失敗作の皿だった。

しかしながら、李朝初期の時代の匂いは、澄んだ仄《ほの》青い透明釉に光って、少しカセてはいても轆轤《ろくろ》の鋭い引き際に見事な技が冴えていた。ことに小振りの方の白磁の肌の階調が、私には白木蓮と重なった。白い器が好きだから白木蓮に惹かれていくのか、白木蓮から白磁の碗や皿に目線を移してしまうのか、今もってわがことながら解らない。

砂利の上に散り落ちたばかりの花弁を拾い、そっと手のひらの上に載せてみた。しっとりした幽《かそ》かな重みと、思いがけない冷たい感触にどきどきする。花は何故こんなに冷えているのだろう。咲ききわまった後の、樹から離れてゆくとき、花は花の体温を放下《ほうげ》するのだろうか。

私は李朝白磁の皿の冷たさを、いつしか木蓮に重ね見ていた。重たい花弁の厚みが、端反《はたぞ》りになった皿の薄い作行《さくゆき》にだぶってくる。五百年の余昔の、途方もない静寂な日々に生み出され捨てられた遥かな器と、目の前でおおどかな呼気をはなち、鳥たちと睦み合うこの世の木蓮と。

短い、心急《せ》くばかりの花の日々は、今年もまた陶然としているまに過ぎていく。花を見ている時間よりも、花を想っている時間の、はるけさ。咲く前も散った後も、花を生きてしまったような想いが余香のように残る。なんという不可思議さを、花は蔵《ぞう》しているのだろう。

「いい月が出ていたよ」

夜道を急いだ友が声弾ませて、見に出ようよ、と誘ってくる。一緒に外へ出てみれば、殆ど満月に近く静謐《せいひつ》な明るい月の姿であった。

　　空をあゆむ朗々と月ひとり

朧《おぼ》ろではなく、荻原井泉水《おぎわらせいせんすい》の句を観じるような月である。春の寒の戻りに首すじを掻き合わせながら、隣家の、毎年伐られ続けている木蓮の傍に近づいて行った。あんなに伐られても、命の限りとばかりに無慚《むざん》な枝ではらりと花をつけている。花や葉が散って道を汚すからという。人間の倨傲《きょごう》の声さえ呑んで、夜目にもほおーっと浮かび上がる白い花。

月明かりの道に、私たちのほか佇んで花を見ている人はいなかった。月が花を照らすのか、否、花が月を照らしているのだ。月よりも杳《とお》い場所からともってくる幽かな明るみ。この世の無明《むみょう》を照らすため、木蓮は白く白く闇に咲いている。

常滑経塚壺（平安時代末期）　高さ 70cm

壺の事件

二月の下旬から三月にかけて、五、六日続いて雨が降った。菜種梅雨《なたねづゆ》にしては例年より早いような、何か異常気象でもあろうか。

体調もすこぶる悪く、こたつに足を入れて寝てばかりいた。気分がよくなると本を読み、疲れると目を閉じて横たわりながら憶いを拡げて遊んだ。独りで家にいても退屈ということはない。私はよほど独りが性に合っているのだろう。

今朝も雨催《あめもよ》いの暗い始まりだったが、午後にかけて気まぐれのような陽光が窓から射した。

いっとき、室内が浮上するようなスポット・ライトを浴びた明るさである。その白い光に出逢って、ずいぶん久し振りの太陽だと、沈潜していた心がぽんと弾みをつけてころがり出るような気がした。

玄関口にもかなり強い陽が散っていて、透き漆の古箪笥が目映い光を反射している。

ああこの時間！と、私は不意打ちにあってそわそわする。

まるでどこも変わらない室内なのに、春の陽が窓越しにこぼれ散るだけで、さっきまではない何かが、確実にある変化を遂げてそこに存在するのだ。

にわかに、部屋の明暗が端然とかたちを帯びてくる。

そうだ。ものはどれも、ものを裏切ることのない影を曳いている。

幼児でも知っているようなそんな影の発見に、私はどきどきしてくる。

光量の美しさというよりも、殆んど存在は影の濃密さに極まるだろう。ぼんやりしていた私の目前に、いきなりの（全く気まぐれな）太陽だったのである。

部屋の隅に置いた常滑《とこなめ》の経塚壺《きょうづかつぼ》を視る。

いや、そうではない。ぐいっとある力で、壺が私を引き寄せたのだ。

それは、凄まじい炎の痕跡をあらわにした壺であったが、私に力を加えてきたのは他ならぬ影の部分からであった。否応なしに、私はそこへ憶いの焦点を当てる。影の深さは、影の明るさと等量だが、私はその明度を愛している。

ああ、壺が炎えている……。

土中の冥《くら》い眠りを壊されて、陽の下に置かれた壺は、ひたすら焼かれた窯《かま》を恋い願い、壺に成る以前の土に還ろうとでもするかのようだ。こんな粗末な場所に在っても、壺は劫初の輝きを失さない。

初めて出逢った時、一つの暗示のように壺を視たが、それまでのどの壺ともそれは異なっていた。

用、無用の道具論の隙をくぐって、ただ存在が私を視たのだった。

呼ばれて、そして、応えたのだった。

そこには一切の不純物が混入するいとまはなかった。呼応とはそういうことであるだろう。そして、それだけのことでもあるだろう。

私の日常は、こんな一個の存在に浸されている。

「いゃあ、あんたは凄い壺を持っているねえ。買おうと思ったって買えるもんじゃない」

電話での佐藤勝彦の熱い声がよみがえる。

私自身、買おうと思っていたわけではなかった。

欲しいと切望していたわけでもなかった。

なんにもない真空状態に、ぽつねんと壺が在ったのだ。

それはほとんど運命と呼んでいいだろう。

私はそういう人生を、何故だか信じている。

さあーっと辺りが薄暗くなって、陽はかげってしまった。つい今しがたまで生命の炎を噴き上げていた壺は、再び寡黙の世界に身を寄せて安らいでいる。横に張り出した肩に、名残りの白い光をまばらに止まらせて。

私は一個の壺に起こった事件を、これから先もずっと生きてゆくのだろう。

常滑経塚壺（平安時代末期）　高さ70cm

陽射しの縁側で

あなたから頂いたあの白い電気スタンドの傘、実はね、今うっかりコードをひっかけて割ってしまったの、受話器の向こうから沈んだ重い声が聞える。

かけらを拾い集めて、ボンドでつないでみようかと思ってるんだけど、と友人はことの顚末《てんまつ》を深いため息まじりに告げる。気に入っていたのに、残念で、と繰り返す人に、私はなすすべもなく、硝子《ガラス》の破片の散乱した黒い床を思い泛べている。

横須賀にいる私の友だちはね、やきものをうっかり壊すたびに、自分の身替わりになってくれたって思うんだって、そりゃ辛いけれども、そう思ったら、割れたかけらに手が合わさるんだって。

慰めにもならない話を伝えて受話器を置いた。

ものは、壊れる。どれほどの堅牢さを誇っていても、ものである限り不滅ではない。硝子もやきものも、きわめて脆い宿命に生きているのだ。人の脆さほどの脆さ、なのかもしれない。

友人のバラバラになった電気スタンドの傘は、ボンドのようなもので元の形に復元できるだろうか。遠目には判らないほどに、部屋の片隅をやわらかくあたたかく照らし出して。

硝子の傘が負った傷と、友人の受けたこころの傷と。窓辺のそこに灯りがともるたびに、きっと何かが軋んで疼くだろう。壊れるとは、壊れてそれで一切が終ったのではない。壊れた一瞬から、もうひとつ別のものの形がたぐられてくる。

私のこころにも、それら痛いものの姿がいくつも影のように立っている。私はそんな影を視て、それから光の当ったものたちを視ている。

人との別離を憶うとき、壊れたこころの亡骸《なきがら》を永い間曳きずっていた自分に気づいて、一人うろたえることがある。その時は既に、別の世界へ向かって新しく歩き出してはいるのだが。

「あなたの中には、美しいものがまだまだいっぱい詰まっているのね」

昨日、名古屋から会いに来てくれた友人は、私の影をそんなふうに表現してくれたが、人ものものもその境目さえなくなって、かつて見事に身を割ったことも、鋭い裂け目を晒したことも、春霞の山景のように朧《おぼ》ろになっている。

＊

あの壺を初めて視たのは……と、語り始めると、経塚壺《きょうづかつぼ》（平安末期の常滑）の肩に眩しい光がきらきらと散りこぼれる。そうなのだ。あの大壺を初めて視たとき、左上方の大きなガラス窓から晩秋の光が、白く濁いて降っていたのだ。

それまで私は何をしていたのだったろう。何処にいて、何を目の端に捉えていたのか。歩いていたような気がする。行き暮れ彷徨《さまよ》いながら、疲れてとぼとぼと、それでも歩を進めていた。

全く思いもかけず、壺と事件のように遭遇してしまったのは、窓からの澄んだ光のせいだったのだと、この頃おもうことがある。

壺は、壺自身で独立して光るとしても、それは微量なものに過ぎない。夕光を啓示のように享《う》け入れるとき、壺は人知のはかりしれぬ美として私たちの前に差し出される。

私はあの日から、永い間壺のことばかり想ってきた。

古陶好きの友人夫妻が、新潟からはるばる訪ねてきて、「この壺はやっぱり凄いですね」と、ため息のような声を洩らした。それ以外のどんな言葉を私たちは持てただろう。神韻のような土の香を嗅いで、壺がまとっている時代の気配をわかち合った。

私は時間が許されるなら、友人たちに黄昏れの壺と逢って欲しかった。夜の電灯の下、無慈悲に照らし出され魂をかくした外形は、他人行儀な貌《かお》でしかない。

違うのよ、陽の光が肩にかかり始めると炎え出すのよ、とこころの隅で呟く。

凄いと言われても、この壺は一度壊れたのだった。遡ることなどできない昔に、焼いて捨てられ壊れたのかもしれなかった。あるいは、幾十もの破片に壊れながら掘り出されたのだったかもしれない。

ひとたび縦横に身を割っているので、これ以上壺は壊れようがない。壊れて、鮮かに再生《うま》れたのだ。

この奇跡のような存在は、視る者の視野に太古の響きを光に托して伝播する。光は、傷を隠さない。焼成時の降りもの（土砂や石等）を微笑のように肩にとまらせ、風化の釉の剝落《はくらく》さえ、炎の吐息のような自然釉と共鳴し合って明るい。

無言の壺にチェンバロのさざめきが満ちて、その周囲が耀き出す。そんな時間を、私は胸の裡《うち》ふかくに持っている。

*

夜も更けてから、北陸に住む別の旧友から長距離電話がかかり、彼の母親が亡くなったことを知らされた。長く床についているとは聞いていたが、急性の心不全で「あっけなくて、母自身が一番驚いたかもしれんね」と、低い声で呟く。私はしばらく呆然として、その場に坐り込んだままでいた。

朝のまばゆい陽射しの縁側で、長い黒髪を慈しむように梳《くしけず》っていた和服姿の美しい人を、一人の女人のありようとして長い間きっちりと胸にしまっていたのだ。

若い頃一度逢っただけの私へ、何故かおもいを掛けて下さっていたと聞く。それは、茫々の歳月を送る者同志の、無言の連帯のような思いであったろうか。

「ここの時計、いいな。奪っていきたいほどいいな」

二十代半ばの傍若無人な私は、おだやかな笑を泛べているその人に、臆面もなくそんな言葉を放っていたという。自分の友人たちに、繰り返し思い出してはその話をしておられたともいう。

私自身は自分の喋った言葉などなにも覚えていない。古びた柱時計を背にその人の坐っておられた居ずまいが、年月を重ねるごとに匂やかに濃くなってきている。

突如、肉体は滅び去っても、魂のありかは鮮かに明滅して、端然《たんぜん》と坐すその人の一隅が私には慕わしい。壊れ易い肉体を超えて、黄泉の国もこの国も、なんという懐かしさなのだろう。

*

安西均さんの詩集『チェーホフの猟銃』を、今読んでいる。

（前略）古い言い草だが、自転車の墓場。
ペダルにまとひついたまま、
細いつる草が枯れてゐる。
スポークの間から、高く伸びて、
花がすがれてゐる、紫苑《しをん》だらう。

（中略）

これはメタリックな光沢をしてゐた、
〈実用〉といふものの成れの果だ、骸骨だ。
忘れられ、雨風に晒され、錆びつくと、
かうも優しい姿になってしまふものか。

（後略）

詩集の巻頭に置かれた〝自転車の幽霊〟という作品だが、私にもふと思い当る自転車が一台あった。

交通量の多い道のブロック塀に片寄せて、自転車が何か月も雨晒しになっていた。一台きりだったので、安西さんの描く〈自転車の墓場〉の光景が醸し出す悲愴感はなかったが、妙に佗しげで、横を通り抜けていくたびにこころに掛かっていた。

あるときふと見ると、いつの間に蔓を伸ばしていたのか、昼顔の薄くれないの小花が、人間の腕のようなハンドルに絡みついて咲いていたのだ。

乗り捨てられた過去の残骸であったものが、一輪の昼顔と巡り逢って、泣きたいほど優しい風景に変わっていた。壊れた自転車の、うらぶれたなれの果てに、このような天の慈しみに恵まれようとは。

往来する人間の誰一人として、破れたサドルには腰を落とさない。辛うじて形を保っていても、それはもう、自転車ではないのだ。かつての自転車へ、初秋の爽やかな陽が降り注ぎ、昼顔はまだ幾つもの幼ない莟を付けて絡まっている。

あの場所から、いつの間にそれは姿を消したのか、私は知らなかった。しかし、あの日に視た〈永遠〉は、ながく消えないだろう。

西アフリカ・マリ共和国　ドゴン族土偶（15 ～ 16 世紀）　高さ 25cm

いちまいの秋の翳《かげ》

北海道上川郡在住の佑子さんから小包みが届き、中から彼女が作ったというじゃがいもや人参、トラ豆がふっくらと幸せそうに覗いた。それらのいちばん上には、まだ湿気の残る和紙にくるまれてペパーミントの葉っぱや、カモミールの花が束ねられていた。

お茶にするよりもまず花、と急いで厚手のコップに漬けて水切りをする。

またたくまに水が揚がり、白いマーガレットを小振りにしたようなカモミールを、窓際のテーブルに置いた。花々は、長い旅をしてきた様子にも見えず、水々しくて愛らしい。

書きかけの原稿用紙や、友人から届いた詩集、本などと共に筆記用具が雑然とのっている卓上の隅に、アフリカの土偶《どぐう》と並んで花がある。

土をかためて素焼きしただけの、不思議な頭部を持つ土偶が、すっぽりと花に埋《うず》もれている。

それは、泣きたいような優しい光景だった。

土の象《かたち》の、寡黙に発している遠い世からの響きが、北の、途方もない青空に育くまれた花《ハーブ》と出会った。

誰だかわからない土くれのそのひとが、ふわーっと大きく花の香気を吸い込んだようだった。

ずい分前から、この家の卓上の隅にぽつねんとそのひとはいる。

こんなふうに世界が澄むこともあるんだね、とそのひとが言う。こうやって私のように目を瞑《つむ》ってごらん、と言うこともある。

そのひとの瞼は丸く出っぱっていて、冷たいけれど、温かい。

私はそのひとの、それでいいような、何か欠いているような顔やすがたをしみじみと眺める。そして、きまって安心する。

土を丸めて貼りつけただけの目。ぽかんと何か問いたげに、もの言いたげに開いた口の両脇に、不釣合いな長い耳。

そんなにも大きくて、悲しくなることはないですか。聞こえなくていいものまで、聞き取ってしまうことはないですか、と私は思わず問いかける。

けれどもそのひとは、耳を澄ましていつもなにごとかを聴いている。

大地の鼓動や、樹木を走る水の音。それとも、もっと遠くを吹いて過ぎて行ってしまった、風の痕跡。

手も足もないそのひとは、全身耳になって、未だ聴いたこともない音を太古から待っている。

＊

午後になって、さあーっと幕が上がるように秋の陽が室内にも射してくる。

カモミールのまっ白い長い花弁も、細かな緑の葉もいっせいに顫《ふる》えるように煌《きら》めき出す。

花もテーブルも椅子の背も、みな燃え上がってゆく時間。

この光なのだ、と、思う。

この光の微妙な透け加減は、確かに夏のものとは異なっている。私にはどこが、と明瞭に分けることはできないが、たとえば翳が匂うように濃く落ちてくる。風が吹いて、光がもつれ合い、翳とも光とも分かちがたく絡み合い、ひとつの響きのような、自然そのものの醸す巨きな音色のような実在として零《こぼ》れ出す。

あ、と思い、たちまちにコトバは消えてしまう。

いちまいの翳そのものにさえ、秋の明度が沈んでいる。

この数日来の強い雨で、窓の硝子がシミだらけになってしまったが、その微塵の跡さえも白く黒く無数に輝く。

光は卓上のそのひとにも降りしぶき、溢れて、のどかなまどろみのうちにいるようだ。

一本角《づの》のような、尖った頭部を持つ摩訶不思議のそのひとは、秋の深みでいっそう遠い気を零す。

縄文時代　壺　高さ 8cm

二つの土

高さ三・五センチしかない、ごく小さい〈顔〉がある。粘土に指をあてていっただけの、目もとや口はつまようじで明けただけの、天空を仰いでいる土の顔だ。歪《いび》つだけれどのんびりした面《おもて》で、ひたすら高みを見上げている。

あなたはいったい何者なの？　何を仰ぐの？　何故仰ぐの？　邪心なく一途にその太い首を伸ばして。地上にはもはや見るべきものはないの？　魂の抜けてしまった人間には、愛想が尽きたの？　そこだけが、無窮《むきゅう》の彼方だけが、けがれなき光に照射されているとでもいうように。

そのつぶらな塊を、私は自分の個展会場の受付台の隅っこに置いた。一個のどんぐりがころがっているような風情である。目にとめる人もとめない人もその前を往来し、ささやかな黙示のごとき存在は気まぐれにきざした私の悪戯《いたずら》心だったから、その間中ただ私はぼんやりと〈顔〉を見つめていた。

そんなある日の午後、友人のＯさんが会場に現れた。

「これ、差し上げようと思って」

と、何やら平たく丸いものをごそごそと出している。取り出せば、口の立上がり部分が大きく割れた縄文の壺だった。高台がないので底部もころんとしている。土の表には、一面よじれた縄目がくつくつとリズミカルに施《ほどこ》されていて、土の明るさといったらなかった。

手に受けてから、私はその壺を受付台の上にころがらぬようそおーっと置いた。それからあの何やらものいいたげな、想いを裡《うち》にひそめているような土の〈顔〉をつまんで、無意識に壺のまん中に入れた。手だけが動いたのだ。瞬時に太古から呼び合ってきた二つの土が、融合していくのを目撃した。

母なる土、母なる響き、母なる風が、天空を渇仰《かつごう》する土の〈顔〉をからめとり、包み込み、光の歌を歌い始める。その姿は、真白く神々《こうごう》しい大輪の朴《ほお》の花のように思われた。「花入れにでもしてください」と、Oさんは言ったが、花よりも花になってしんじつ台の上で咲いている。ぽつねんと縄文の土器にいだかれて、土の〈顔〉自身が宇宙の底にいるかのようだ。神秘の気が平たい壺中に充満し、土の〈顔〉は高くどこまでも果てしなく天心を想う。

丸壺のある部屋

その日、私は時の移り行く様相を、一個の丸壺に飽かず眺めた。しらしらした灯りなどともさぬ部屋に、透明の時間が薄明にたゆたい、それから徐々に闇のなかほどに傾いて行ったのを。しばらく忘れていたが、時はいつもそのようにして寂漠と、けれど緩やかに過ぎて行くのだ。

どうぞと通された座敷で、薄い作行《さくゆき》の、ふうわりと大振りな猿投《さなげ》（愛知県の猿投山から出土する平安頃のやきもの）の茶碗でお茶を点ててもらった。斑《まだら》に被った灰釉《かいゆう》の褐色の土肌にお茶の草色が融《と》け、両手に受けて飲み干したとき、私の五感に蓮の青々した葉っぱで喫したような野趣が残った。

大振りの茶碗がいいの……きまぐれに呟いたのを、その人は憶えていてくれたのだ。

痩せた小さい自分が、不相応な大きな器《うつわ》を好むことに、われながら呆れることがある。しかし茶碗一客、たっぷりした見込み（内底）に何か想いのようなものを放ってみたいのだ。そうして器の深い懐《ふところ》で、美しいものについて想いを巡らしたい。それは子どもの時分より夢見がちで勉強などしなかった私の、性癖のようなものなのかもしれない。

お茶を戴きながら、目の端に私はずっとあの丸壺を捉えていた。その家の襖は開け放たれ、次の間の壁際に桐簞笥が低く置いてあった。その上にさり気なく、李朝白磁のまどかな壺が在ろうとは、誰が予測できただろう。あ、とうめくように言って、一切の言葉を失くしてしまった。伊万里の向附《むこうづけ》や、唐津や志野の陶片などに盛られた竹の子の煮物や、うどの天ぷらなどに舌鼓を打ち、笑い語って、時折ほつほつと烈しくなる雨音にも風雅のひびきを受容した。

どこかで沢渡りの鶯が、ケキョ、ケキョと遠く近く啼いている。いつしか畳目の美しい座敷に、黄昏がやわらかく入り込んでくる。窯中で曙《あけぼの》をうつしとった白磁の壺は、半身をうっすらと緋に染め、首から張り出した胴にかけてみずからの白さにいっそう蒼ざめていくように見えた。私は自分の裡《うち》に押しとどめ封じようとした憧れが、そこで、その人たちの日常の手によって見事に明証されているのを認めた。

雨が止んだ一刻を、三人で崖を下って川原に遊んだ。昼夜わかたず翡翠《ひすい》色の川は流れ、魂の底を滔々と流れ続けた。瀬音の深みに身を横たえ、彼らは日々川を抱いて眠るのだ。私は半世紀以上も眠り続けて、いったい何を抱いてきたのだろう。

川べりの叢《くさむら》にすかんぽの一群が繁っていた。それらの草の芽を摘んで持ち帰り、ごま油と醬油で炒めて一人食べた。明日も生きるとて、自分自身のその貧しさから始めるほかはないのだと、口中のすかんぽの柔らかい酸味を嚙んだ。

李朝刷毛目皿（李朝前期）　径 13.2cm

夏の坏

そのとき私は、他の何かではなく、たった一枚の小皿を欲しいと思った。

小皿が足りないために、日常生活に不自由をきたしている、というのではなかった。元々私は食器が好きで、下手な料理を盛り付けるのに、皿小鉢によって懐石料理風に見えたりすることにどれだけ悦び、扶《たす》けられてきたかしれない。

二十歳の頃から洋服一枚購入するのを諦めて、気に入りのお茶碗一客購《あがな》い、幸せだった。洋服を整えるのは一時の娯しみだが、器を入手することは、〈もの〉を買うというよりも、美との対話を始めることだった。その深い悦びは、私にとって他の何かで代用できないほどのものだ。

しかしそれも、銀行やスーパーの景品で貰う工業用大量生産の器では駄目で、人間の手と技で創られながら、〈人巧〉の匂いのないものがよい。

自意識や美意識が見え隠れする器は、人間国宝と呼ばれる人の創ったものであってもわたしには不要である。

美そのものと対話するために、人間の〈意識〉からあらん限りの遠いもの、意識を、無意識にして超えたもの、あるいは、創り手の己を空しくして、〈神〉に捧げたてまつるもの、そして、〈用〉に徹するもの、であってほしい。

器におけるそれらの認識は、例えば一個の猪口を目にしたとき、あるいは手に受けたとき、一瞬の内に感得される。単純に、あまりに単純に、美か否か、という感覚として。

その李朝の小皿には、それがあった。

無地刷毛目《むじはけめ》皿（灰褐色の胎土に、刷毛を用いず白化粧の釉《うわぐすり》をかけただけのもの）、と書かれていたが、〈用〉は〈実用〉の方でなく、わが魂への〈用〉として求めたかった。

ごく小さい引き締まった高台《こうだい》の立上がりや、器体の僅かな傾き。写真では殆ど想像する以外ないのだけれど、何か遣《つか》い手のこちらを呼んでいるような小皿全体のすがたに惹かれたのだと思う。白化粧された器面のやわらかな風合い、中央の目あと（重ね焼きするのに置かれた窯道具のあと）は、猫の足あとか、梅の花びらのようで、ほほえましい景色になっている。

珍しく雑誌の写真で目にして、私はその一枚を購った。真贋《しんがん》も、価格も、妥当かどうかわからなかった。ものを買うとき、自分の眼の直観を信じるほかはない。そのものが放出し、かつ内在させている言い難い気韻のような何かが、小さい写真から伝わった。

厳重に梱包されてわが家にやって来てから、十年ほどの月日が経った。

枝豆をのせたり、豆腐にしょうがを添えたり、取り皿に使ったりと、日に何度も食卓に登場する。李朝の焼きの甘いやきものの多くは、見えないほどの速度で器面が変化していく。まっ白に思えた表面が、今では褐色になり、水分を含むと大層美しく、抽象画のような明暗のきわだつ陶肌になる。

この小皿が無地刷毛目ではなく、「刷毛目」と呼称されるものであることも買ってから判った。

勢いのある刷毛さばきのあとが、皿上の一部分に見つけたときのうれしさは、小踊りしたいほどのものだった。「無地」として買い、「無地」のままで何ら不満はなかったが、「刷毛目」であったというのは、釉がけをする際に刷毛を使ったかどうかだけのちがいではない。刷毛の目が残っていることは、器面に動きが生じていることである。大げさにいうならば流動し、躍動する陶工の手の無心のあとが、その一瞬が、焼かれることで定着し、そこに〈永遠〉を現出させているのだ。

酒好きの友人がやって来て一献傾けるとき、料理の取り皿としてこれを卓上に置いたら、沖縄の泡盛を呑むのにこの皿がいいと言う。

「坏には大きいでしょ?」

「いや、夏の坏は、これだね」

友は満面の笑みで泡盛を注ぐ。酒でさぁーっと表情を深めた皿は、宇宙そのもののような鎮まりを湛えている。

「いいねぇ」

「うん、いいね」

私たちは、野天で星を浴びながら酒を汲み交わしているようだった。

山茶碗（鎌倉時代）　口径 15.8cm 高さ 6.5cm

猫を抱く

すこし前、独りごちるように「何か美しいものを視たいと思います」と、北の地に棲む友人に手紙を書き送ったことがあった。

私は何に飢《かつ》えていたのだろう。人と会い、人と語らずに別れたあと、帰路の寒々しい蛍光灯にまぶされた車中で、じっと堪えてきた者のように目を閉じる。目裏《まなうら》では、決まって初冬の渇いた白い空が視えた。

――お便りをいただいてから一ヵ月。ずっとあなたからの『何か美しいものを視たいと思います。限りなく私を優しくさせてくれる美しいもの……』の数行が頭から離れず――と、私の独白を反復させながら、自らの憶《おも》いを綴ってきた友人のほそい文字が、未晒しの和紙の上で泣いているようだった。友もまたうなじを上げて、気づかねば、日常からずれてゆく美しいものらの影をみとめるひと月であったのだろう。文字の端々からそのまなざしがうかがえた。

たとえていうほかない美しいものとは、燭台《しょくだい》にともされた一本の和ろうそくの火であってもよかった。それはろう涙《るい》を滴らせ、ときに消えかかるほど揺らいでも、おのれ自身の限りを尽して完結していく。熱く烈しい燃焼に刻々とその身を細らせて。一途なろうそくの充実は、正面に座す者の頬を染め、忘れていたものを取り戻させる律動の明るさに満ちている。

かつての日々、そんなろうそくの火の周囲に、それぞれが書いた詩を持ち寄って、ささやかな集いを結んだことが幾度かあった。安い酒と、各人手作りの肴を一品ずつ。それでも卓の上は華やかに並んで、グラスや坏を傾けながらの小さな朗読会である。

順番がくると、手燭を先の人から受け取り、自分の前にその火を定めた。電灯を消した仄暗い室内でまことの炎に照らし出された詩は、その人自身の底からこぼれ出てくる生命のひびきのようだった。

あの一瞬の火は、なおも燃焼しているだろうか。歳月とは無残なものだけれど、私たちに余熱のぬくさを伝える場所が、その中のどこか一点にともっているようなはるかな憶いが湧いている。

それは、気まぐれに出掛けた店先の、硝子戸棚の内側に雑然と積み重ねられていた山《やま》茶碗《ぢゃわん》。降りかぶった若草色の斑の灰釉は、早春の野のように霞がかっていて、窯疵《かまきず》の歪みが平凡な一個の碗にある勁《つよ》い動きをもたらしていた。発掘時点で、一部割れてしまっていた大疵物にちがいないが、手に享《う》けた際、すっと私の裡《うち》の何かが融和していくのがわかった。

名品、珍品でなく、ごくありふれた山茶碗が、人のとめどもない思念や哀しみをやわらげ、抑えてくれることもあるのだ。そんな素朴な器になだめられている、淋しく無力な自分に気づく。

帰宅してまっ先に、私はその茶碗を洗った。漬物を盛る小鉢がわりに使おうかとタワシでこすりながら、気がついたら湯を沸かし、器をあたためて茶筅を動かしていた。それは、茶道に遠い私が茶を点てたというよりも、一個の傷みほほけた古代の器が、いたずらに誘いかけた遊びというものであるだろう。誘われて応えた、ただそれだけのことだとしても、沈潜していた心が動き始めたのだった。

ふんわりと若草色に瑞々しく融け合った、薄茶と茶碗と。

柳宗悦の茶偈《ちゃげ》にある「茶ノミ　茶カハ」がしみじみとおもわれた。

裏返せば、茶でない茶とは何であるのか、そのような茶にこそ、本然の茶の道が秘められているのだとも解せよう。私の無知を表白しても始まらないが、器と出会い、器に導かれて茶を点ててしまった悦びは、言い難くも深いものが残った。

茶を識らぬ者の茶であるが故に、それは簡素この上もない。

喫し終えたあとの山茶碗を視ている。視ても、視ても、もうそれで充分ということがなかった。視ること、その行為の渦中で、器と自分とのさかい目がつかなくなってくる。

自分が器の中へ入っていったような、器が私の内へ立ち入ってしまったような、ふっと首を振ってはまた視ることに帰ってゆくのだ。

いつのまにか傍に猫が来ていて、まばたきもせずじっと私を視ている。猫から視ての、人間の不思議。視ても視ても、尽きせぬ存在であるだろうか。

「めめちゃん、おいで」と呼びかけて、そおっと猫を抱き上げ、いつものように即興の子守唄をうたった。めめは太く短い尻尾を左右に揺らし、私のうたう単純なひとふしに添うように拍子を合わせている。

美しいものはここにも、とおもいながら私は猫を抱いていた。

平瓦残欠（奈良時代）　径 28cm

平瓦残欠

テーブルの中央に藍染めの古布を敷いて、その上に三方が欠けた平瓦《ひらがわら》が一枚載っている。

その欠け瓦のまん中にぽつねんと、沙漠に置き去りにされてしまったかのような、小さな乾燥花の真紅のばらが一りん。

何故ばらなのだろう。

そう思うのに、今は妙に合っている気がする。

これは、遠い傷の記憶、なのだろうか。

決してセンチメンタルではない私自身の心の綻びから、美しく咲きほこってやがて枯れ、時空を沈思する、かつての花のまぼろしなのか。

瓦は時折、書や画の個展会場の受付台でペン皿に使っているもので、奈良朝の残欠だという。

「こんな瓦を使うのは、萠さんくらいでしょう」

あきれつつも微笑しながら目白の古道具店の坂田さんは新聞紙に包んでくれた。

あれから瞬くまに二十五年が過ぎ去った。

平瓦はその白い土肌に折からの西陽を受けて昂然と燃え上がり、沙漠にうずくまる傷だらけの少女を抱いて、貧しいわが卓上で未だ見果てぬものを憶っているように見える。

唐津小皿（桃山～江戸時代前期）　径 10.8cm　高さ 3.3cm

等身大の器

「あなたは欠けた茶碗まで使っているっていうんだから、驚きですよ」とある人から言われた。わが家の器類は発掘のものが主で、たしかに茶碗や皿小鉢も、欠けたり歪んだりしている。それらを美しいとは思っても、不便を感じたことはない。倹約して、割れたものを使っているのでもない。

陶器は磁器ともちがって、その土肌が刻々と僅かずつ変化する。三分の一程欠損している桃山期の唐津の小皿を、十年愛用して、入手した時よりその地肌に深い艶と輝きが加わった。しょうゆ皿にしたり、佃煮をのせたり、使うほどに経年の変化が微妙にあらわれ、そのしっとりした肌には、何かたまらないと思わせてくれるものが滲み出てきている。その「たまらないもの」を、私は無意識だった時も古道具に求めてきたのだろう。

現代の人々の（清潔志向の）目で見れば、中世の茶人たちは、薄ぎたない汚れにしか映らないもののその奥処《おくが》に、佗び寂びの美を発見した。お茶を嗜《たしな》まない私のような人間も、この現代に生きて滲んだシミが味わいや景色として目に映ることを悦ぶ。器が欠けていることで、ないものを億い見るという思索の奥行きも識った。やきものからはそんな大切なことを教わったと思う。

二十年近く前、何故かわが家の食器に一度脚光が当たったことがある。『骨董の器づかい』という平凡社の大判の本で、酒器まで含めて沢山の写真を撮ってもらった。晴れがましい気持で刊行したての本を開くと、申し合わせたように他の人々の器たちは、きらびやかで、完器の立派な品揃えだった。圧倒されてしまって、すぐさま本を閉じたことを憶えている。

わが家のものといえば、それぞれに疵《きず》や欠けを負っているが、渋いことではこの上なしだ。それを粋と見るか佗しいと見るかは、人それぞれの嗜好《しこう》によるだろう。

私の棲む所沢（埼玉県）に、大きな蔵造りの建物の〈柿の木〉という古美術店がある。

主人の柿谷さんとは三十年来の友人で、しごとの手のすいた頃時折遊びに行く。彼も詩を書き、独創的な絵も描く人で、共通点が多くて話が尽きない。以前私の個展に立ち寄ってくれたとき、『骨董の器づかい』の本を会場の隅に置いていたことがあった。

「あ、これ萠さんだったんだ。いいよねえ。この本を手にすると、どうしてかこの頁ばかり見てしまうんだよ。それが不思議だった」

思いがけないことを柿谷さんが言う。永年少しずつ蒐めてきたさまざまの（疵だらけの）器たちを、やっと認めてもらったような、しみじみと悦びのこみ上げるひとときだった。

それにしても「なんだか家《うち》は貧しいなあ」と思わず苦笑し、器たちもまた等身大の私自身なのだと、改めて納得したのだった。

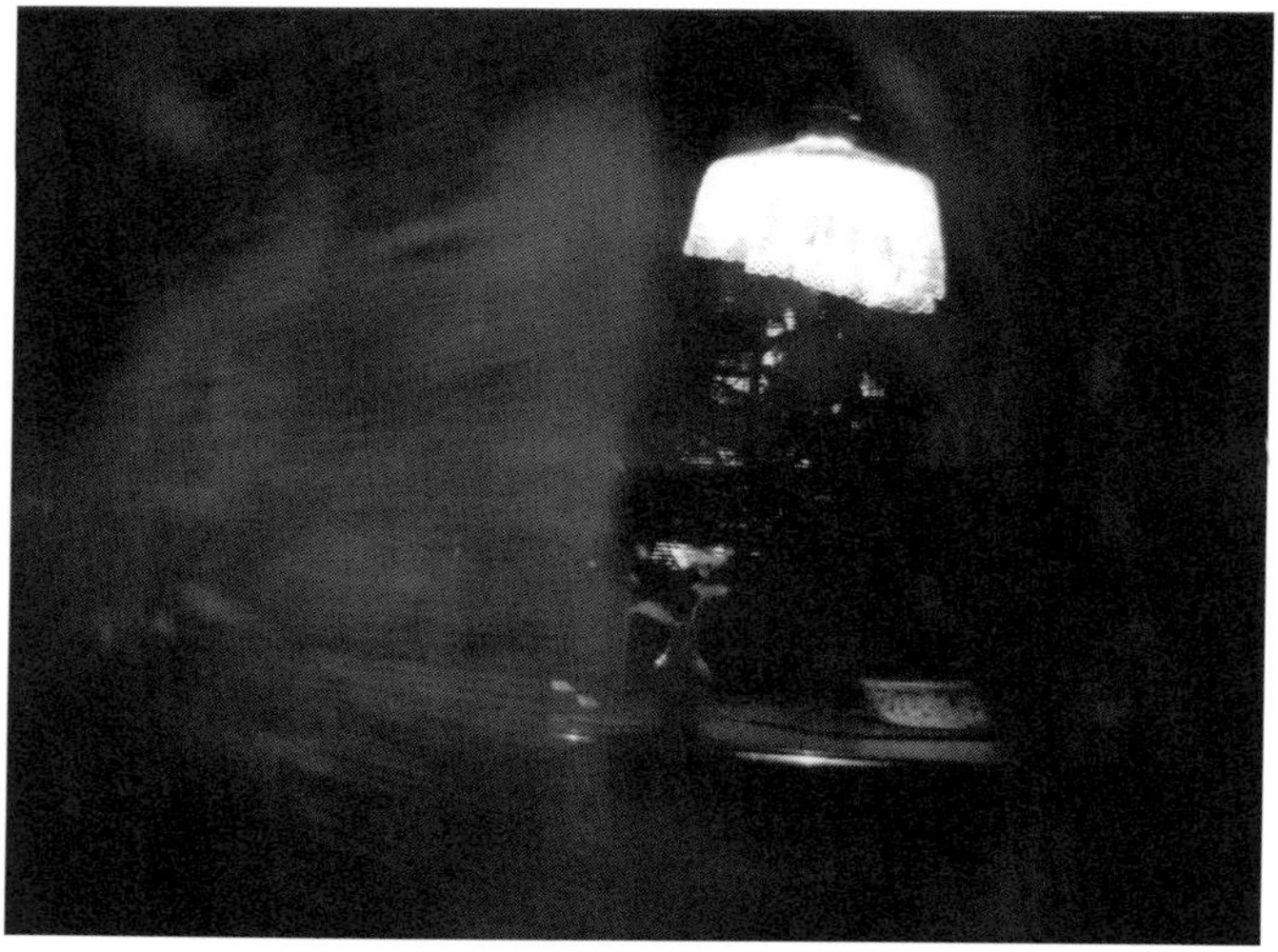

机上に、ローマン・グラス深皿（1～4世紀）　シリア出土　径 17.7cm

窓

竹の木洩れ陽が斜めに射し込んで、春の眩しい午後の一刻のことでした。窓際で光っている木の椅子に腰かけて、私はバッハの無伴奏チェロ組曲を聴いていました。さんざめく陽光とチェロは、戯れ絡まり合い、透き通った時間に私は私のカナシミの噴きこぼれてくるのが見えました。つながった二つの部屋に、四つの窓。そのとき、こんな小さな平家にいくつもの窓があることのわけを、初めて納得したのです。窓は、私たちのカナシミを放つために在ったのだということを。窓辺で光を享《う》けているのは、まことそのカナシミなのでした。

卓上に置いた古代ローマン・グラスの透けて銀化した深皿に、私は想いのかけらを一つずつ拾いあつめ、背筋を伸ばして立ち上がるために、今しばらく窓のかたわらでたゆたっていようと思います。

左下／家（漢時代）高さ15cm　右下／女人俑（唐時代）高さ27.5cm
棚／古伊万里猪口

土の家

家を買いました。

小さなちいさな平家です。現代にこれほど素朴な土の家があるでしょうか。中には誰もいませんでした。けれども、入口の切戸を押し開けると、腰の曲がった老婆がひとり、「何かご用ですかな」と現れそうな、人間くさい趣《おもむき》の家です。

屋根の両端、日本なら鬼瓦を載せる部分が、筆返しのように空へ向けてせり上がっています。それは、やや正方形に近い家の唯一のアクセントです。

そうです。この土の家は中国様式にのっとっているのです。全体は白化粧の土で覆われていたようですが、古墳の奥深く、数千年の時間を貪《むさぼ》っているまに、剥落してしまったようでした。屋根瓦や横壁に、延々の夢の名残りの白土がまだらにこびりついています。

持ち上げると、中には土塊《つちくれ》が入っているらしく、土鈴そのものの音色でからからと鳴るのです。奥の暗がりに、ひっそりと精霊がうずくまっていて、いにしえの余韻を鳴らしているのかもしれません。そんなもの寂《さ》びた軽みの音です。

乾いて、乾ききって、サクサクとまるでビスケットのような土の明るさ。茫々と寂光の時をひそみながら、この家はいったい誰をなごませ続けたのでしょう。誰を豊饒に眠らせてきたのでしょう。

夕餉の白い煙さえ立ちのぼりそうな、杳《とお》いなつかしい佇《たたず》み。私も疲れが尾を引いたら、うすうすと暗い壁の隅で、そっと身をよこたえて休んでいましょう。

仮の世に、家はいりません。

土でこしらえたこの家のように、ささやかにひととき、雨露をしのげる場所さえあれば。

漢時代が、どれほどの彼方に位置するものか。

そこでは星々が、大空一面にどのように瞬いていたのか。
早暁の鳥たちの目覚めがどう始まっていったのか。
高さ十数センチの土の家に心を憩わせ、想いは無辺の景色をさまよいます。

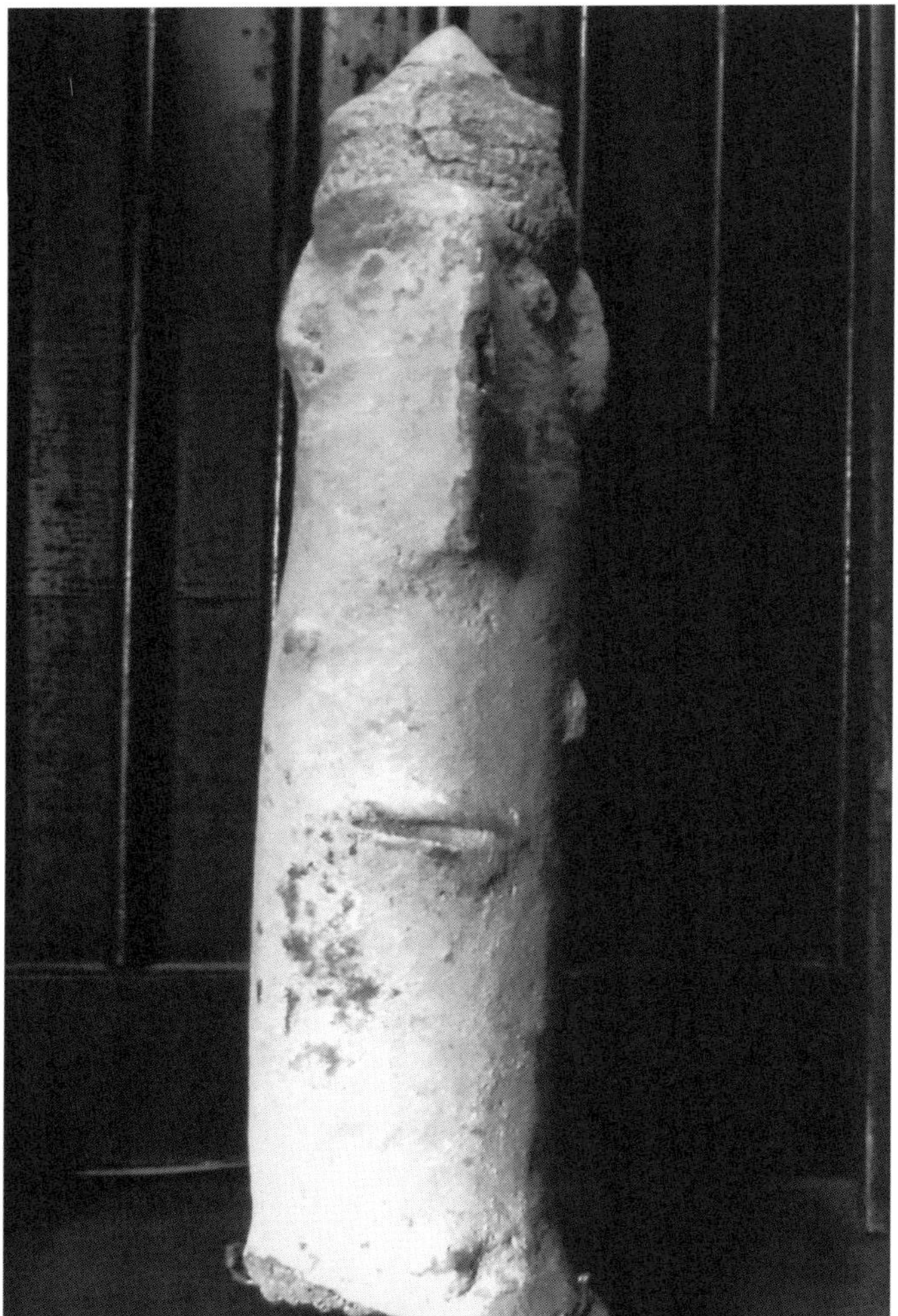

西アフリカ・マリ共和国　ドゴン族土偶（15 〜 16 世紀）　27cm
鶴岡善久氏旧蔵

買います。

その土偶は、丈が30センチ近くもあるズドンと細長い土の塊で、それが〈顔〉だと気づくのに一瞬の間《ま》がいった。

このでっぱりが鼻で、ちっちゃなまるいのが目よね。両脇の耳もあるし、と友人と形をなぞってゆきながら、展示するというよりはあまりにさり気なく無造作に台上に置かれていたので、土の塊以上の何かだと思わなかった。

少し腰を落とし、その塊を見る。

あ、アフリカね、と思うより先に声が出た。

咄嗟《とっさ》にこの不可思議な、間のびのした面長の〈顔〉が、ただものでないことに気づく。心がどぎまぎと波立ち、「私これ、買います」と叫ぶように店の主人に伝えてしまった。

十分な吟味もせず、なぜそのような即断をしたのか。いや、切迫感のようなものに背を押されて、今を逃がしたら神サマのごときこのヌーボーとしたテラコッタには、二度と巡り合えない気がしたのだ。その後ようやく心が鎮まって、その〈顔〉に目を放《や》りながら「アフリカの、どこなのかは不明なんですよ」と語る店主といろいろ話をした。

だが出自よりも、ユーモラスでさえあるこの像そのものが私には大事なのだ。時間調整のため、十五分程立ち寄っただけの西荻の店で、こんな遭遇が用意されていようとは、なんと人生は劇的なのだろう。

持ち帰った荷を解いて、私は卓上の白山吹を挿したグラスの傍にひとまずの場を定め、ゆっくりとそのヒトに対面した。

尖った頭部には磨滅しているが線刻模様のターバンを巻いていて、聞き加減の口元からは、次々に言葉ではない言葉が零《こぼ》れてくる。

詩のような歌のような呪文のようなそれらを、一つずつ拾い反芻しながら、私はその夜を眠った。

どこを見ているかわからない、ちっちゃな茫洋たる遠い眸《ひとみ》の懐かしさ。風雨をくぐって、哀しみも傷みも時空さえも超えて、今、この窓辺に在るということ。あなたは誰、とはもう問うまい。大いなる魂のヒトは、白いひとえの花に寄り添われ、安けく微笑しているように見える。

鶴岡さんの土偶

「この土偶を持っていた方は、大学で教えたり、詩人だと伺っています」

「えっ？　差障《さしさわ》りなければお名前を」

普段は古美術を介しての場で、店主とそのような話には進展しないのに、〈詩人〉の語に胸が騒いだ。

「鶴岡さんとおっしゃいます」

「もしかして鶴岡善久さん？」

「そうです。ご存知なんですね」

ご存知も何もない。

「ご病気で倒れられて……」

そうなのですね。やっぱり、そういうことだったのですね。

一瞬の裡に津田沼の、世界で唯一のアンリ・ミショー美術館でもあった彼の自宅に、幾度となく訪《おとの》うた日のことが灯りが点いたように私の胸に去来する。

鶴岡邸の扉の前には、いつ伺っても淡紫の茄子《なす》の花に似た山ほろしの花々が咲きこぼれ、「ここは山ほろしの館ね」と呟くと、含羞《がんしゅう》の人は微笑んで、それからまたひとしきり話が弾むのだった。

私たちは午後のひとときを展示室のミショーや滝口修造や、日本の古民具、アフリカの道具など平面や立体も含め純なる精霊たちに囲まれ、幸せな深い呼吸をした。再びは夢の奥へ帰れないとしても、折からの木洩れ日にあたたかく染め出され、彼の愛した土偶そのヒトが、整わぬものの座辺で一期《いちご》の夢のつづきをみようとしている。

揺れる新緑の間に

半年振りの作品展が終了し、窓際の椅子に疲れの末だほどけぬ身を預けて、風の流れる窓外を見ている。わが家の通路は、黒竹によるごく小さな荒れた竹林（貧者が隠れ棲む）のようで、竹の葉の間から南天の新葉や、白山吹の一重の花が揺れているのが目に映る。一時鎮まっていた風が、今しがた何も告げずに通って行く。錆朱色にきらめく南天のやわらかな葉。空《くう》に、風に手を伸ばして、そっと見えぬものに触れようとする。薄ら陽のなか、白山吹は思いを裡《うち》に仕舞って、涼し気に咲いている。

揺れる新緑の間を、亡くなったのではないかと噂が往き交う鶴岡善久さん（詩人・美術評論家）の俤《おもかげ》が不意に現れ、泪が溢れる。ほんとうに彼はもうこの世界の何処にもいないのか。私は彼の不在をまだ信じてはいない。山ほろしの咲きこぼれる鶴岡邸で、アンリ・ミショーの絵や版画に囲まれ、私たちは幾度も時を忘れて語り合った。光と影の射す深い呼吸をした、あれらの日々。

ある時、古書店で気まぐれに入手した美術展カタログに、墨によるミショーの顔の絵が数点あり、何故だかわけもなく私は魅せられてしまった。それらは鶴岡善久蔵で、世界に唯一のミショー美術館を自宅に開設しているのを後日知ることになる。私が初めて訪ねて行く二十年も前から、鶴岡さんは骨董の月刊誌のささやかな私の連載を毎月読んでいたと言い、私の周辺でも何故か鶴岡さんの名前が度々出て、ふと書棚の大判の本を開けば、アフリカのコレクションについて彼が書いているのを発見したりした。

度重なる偶然のなかで、人と人が出会うことの意味を想う。その短い距離に、時を経た骨董や、絵画や立体がある。限りもなく美しいものが在る。それらに導かれ、荒んだ世の束の間を、竹の径《こみち》を行く蝶の瞬きのように魂が瞬く。生命に刻印した深い歓喜は決して消えようがないのだ。

（二〇一八年現在、鶴岡善久氏はケア・ハウスで療養中）

中国新石器時代（紀元前4000年〜2300年頃）　高さ8.3cm

限りなく耀《かがや》けるあなた

まだ見ぬひと、これからも見ることはあり得ないだろうひと、を〈尊敬〉すると言うのは、変だろうか。

将来においても相まみえることのないひとであるのに、もしかしたら、私はそのひとに毎日会っている。

けれども、尊敬し、心酔さえしているそのひとの名を、私は知らない。どんな相貌をし、何に心を動かされ、何を愛しているひとなのか、日常の中でどんな夢を育くんできたのか、そのひとについて悲しいほど私は無知なのだ。

男か、女かさえも判らない。それで、どうして〈尊敬〉など言えようか。

それは、そのひとが、紛れもなく人間であることを私自身識《し》っているからだ。

決してそのひとは、猫ではない。ゴリラでもイルカでもないのだ。尊び敬うというその語は、例えば老衰と、それによってもたらされる種々の苦痛から決して逃げず、渾身の力を振り絞って食べ、生きようと必死の、わが家の二匹の猫たちにもふさわしい言葉であると思えるのだけれど、いわゆる〈尊敬〉というときは、やはり人間に対して用いたいと思う。

窓際の、低く置いた塗箪笥の上に、石製の背の高い李朝の燭台がある。その足許に、中国の新石器時代の大汶口《だいぶんこう》文化期（紀元前４０００年〜２３００年頃）という、素焼き土器の耳付きカップが、冬の部屋に静かな影を落としている。年代のことは出土時の資料等で判断がついたのだろうが、ある店の小さな台上にポツンと置かれてあるのに気づいたとき、何か解らない美しいひとつの衝撃として、素早く目に飛び込んできた。

「あ、これはいいわね」

思わず口中でひとり呟いて、しばしそれを眺める。

現代《いま》から、五、六千年も昔に拵えられた、一個のカップ。目立つ瑕《きず》もなく、薄造りの口縁部に、ごく僅かなホツ（小さなキズ）があるばかり。幾たびの戦乱や天変地異をくぐって来たのか、二つの大きな耳（把手）さえ無事で、後補の形跡も見当らない。なんという奇蹟のようなカップなのだろう。

これで珈琲が飲みたいな。畏れを知らぬ者は、思わず現実の呟きを洩らしてしまう。上釉《うわぐすり》の掛からない土器に熱い飲料は入らないが、わが戸棚に仕舞われたカップのどの一点よりも、ブラック珈琲が映えそうだ。

全体は轆轤《ろくろ》で形成され、その上からヘラ状の用具で薄く整えるように削られている。匂い立つように明るい、あたたかな肌色の土だ。本体に漲る緊張感と、格調の高さはいったいどこからやって来るのだろう。遠くから眺め、それから手に取って、何度でも土味を噛みしめるような気持で見る。表面を整えるためのヘラ遣いが繊細で、私はそこにひとの影のようなものを感じてしまう。轆轤目を消すように、縦横にヘラの跡が丹念にひっそりと器面を走っている。

一見装飾のない土器に見えるけれど、土台部分は紐作りの手びねりでまっすぐ立上がり、上部がややラッパ状に開いていて、その開いたボディだけ轆轤仕上げになっている。そこのつなぎ目もヘラで逞《たくま》しいくびれが付けられている。それから、両耳の平たい土の上部に、タテ十ミリ、巾が三ミリ程の切り込みが明いているのだ。それが単に飾りなのか、宗教上の何らかの意味を持つのかは、専門の研究者でない私には判らない。把手部分の横巾が二十ミリばかりあるので、その中央部に切り込みがあるのはほっそり明いている窓のようで、美しいアクセントになっている。

しかしながら美というのは、いつのときもいきなり〈事件〉のように起きてしまうもののようだ。ことに土器に出会うたび、私はその〈事件〉のるつぼに陥落してゆく。なんと幸福なるつぼだろう。

土そのものに脈打っている、作り手の呼吸のリズム。このカップを作っているひとが、いましもここにいる、と思えたのは、把手部分を見ているときだった。

やっぱり！　やっぱりひと、だったのね。

神という大いなる存在が、この見事に力強いフォルムを持つ器を作ったのでもなく、他の何ものか、でも決してなく、遠い遠い昔の、悠久とさえ呼んでしまいたいような遥かな時代に、ここで確かに存在し、息を詰めて轆轤を回し、心のリズムのままにたゆまずヘラで器形を整えていったひとが、いた。

そうなのだ。両耳の内側の、目立たない土の表に、現代の私たちとどこも変わらぬ〈指紋〉の痕が、明瞭に、あえかな紋様のように呼吸のように刻まれていたのだ。

その微かな、白い光跡のようなもの。細心の注意を払って形造っただろう土の内側へ、たくまず心をこぼして行ってしまった、新石器時代のひとよ。

いま私はあなたと出会い、あなたの心の痕をなぞる。土に触れ、土を読む。白い光跡の、限りなく耀けるあなたを心から尊敬するのである。

林檎の幸福

長野で林檎を栽培している友から、誕生日おめでとうという手紙と共に林檎が送られてきた。ダンボールの箱を開けると、ぱあーっと放香がたち、太陽の光を存分に浴びて育った充実感がそのまま大きな姿かたちに結晶しているようだった。彼女の心であり、愛である林檎のおいしさを昨秋にも味わわせてもらっていたので、紙袋に何個かを詰め、すぐさま私は電車に乗った。

その日、私の向かおうとする『古道具坂田』の店は、東京・目白の裏通りにあり、ひなびた風情が硝子の引戸や電灯のあかりに滲んでいる。

「冬の夕べにでも行ってごらんなさい。暗がりに『坂田』さんのお店の灯が浮かんでいてね、そこだけぽーっと温かくって」

年長の友人Mさんはそういったけれど、私は日中、手のすいた時を見はからって出かけるので、暗がりに浮かぶ『坂田』さんをまだ知らない。『坂田』さんという、あのこじんまりした空間の、優しい電灯のともるそこは、いったい何なのだろう。ものぐさで出無精の私が、電車に乗り継いで、それでも出かけていくそこ。紀元前やら、後やら、しかと生きた人々の息づかいがひそかに嗅げるような古い道具が、ぽつねんと数少なく配置されて、畳の間の奥の方に当主が空気のように坐っている。

　その澄みきった静けさの中に、なるべく邪魔にならぬようにと念じながら、私もまざりに行く。私自身には、使い古された道具ほどのかがやきも存在感もないので、素面を晒して、滅び行く前の人間の哀しさや生命の矛盾を、もしかしたら呟きにいってしまうのかもしれない。

　ふと気づくと急行に乗り、目白に向かっていた、ということが何度もあった。坂田さんが店に必ずいるとは限らないし、ごくたまにシャッターが降りていて、「営業時間変更のお知らせ」と、小さく小さく、まるで彼自身の呟きのような貼り紙が止めてあったりする。閉まっていて残念とは思っても、貼られたメモの字をなぞると、横書きのきりりと引き緊まった字体は「まったく坂田さんなんだから」と思ってしまうので、私はしばらくシャッターの前に佇んで、それから意を決して来た道を帰って行く。ここまで小一時間程かけて電車を乗り継いできたことの意味が、坂田さんの、どこかに風が吹き抜けていくようなあの文字と対面することで少し満たされるから、やはり不思議な人なんだと思ってしまう。

その日、友の送ってくれた林檎の袋をそっと差し出すと、坂田さんはイギリスのスリップウェアの大皿にそれを盛り、中の一個を取り上げて果物ナイフでむいてくれた。私は思いがけなく切り分けてもらった林檎を頬ばり、さりっと音を立てて食べた。

果実の水分がじゅわっと滲み出て、甘味と酸味のバランスが絶妙だった。作り手の愛情のこもった一個の林檎を、分け合って食べた無為の時間。あのときの林檎は、透き通った泪のような味だった。

II

無常の坏

西アフリカ・マリ共和国　ドゴン族　穀物倉扉　65cm

花の白

白山吹というのは、この世の花だろうか、と庭の痩せた花に逢うたびに想う。その前に立ち、凝《じ》っとみつめると、蒼ざめてはかなく消えてゆきそうに見える。空の深みから送られてくる雪片のような。ぽっと明るむ螢の明滅のような。

ずい分前のことになるけれど、初夏の個展会場へ大振りのゆっさりした枝を抱えて現れた人がいた。

「なんて凄い、白山吹……」

息を呑んで諸手に受け、そのあまりの印象の異なりに目を瞠《みは》った。四枚の花弁も、対生に重なり合うかのような葉群も豊穣そのもので、存分に陽光を浴び、富裕な育ちを思わせる眩しい花であった。

それに比して、わが庭の花は貧相な枝にまばらに慎ましげに付くばかり。半日陰の場所で、花はこれ以上ない白を極める。花の真実を私は知らないが、恵まれぬ地で開いてゆく切実さをいとおしいと思う。

今朝方、くさむらからさまよい出た白蝶と見紛うような一枝を手折って、掛花に作られた古い籠にそっと挿した。仄暗い室内の一隅に、ほつほつと光がともる。私はいつもこのような灯りに寄り添われてきた。暗い胸底の、花の灯明《とうみょう》である。掛花の横には、西アフリカ・マリ共和国・ドゴン族の穀物倉の扉が掛かっている。風と時代のやつれを纏《まと》って、もう殆どその板は土に還ろうとしていた。渇き、荒み、ひび割れ、ごおごおと通過して行く時代が見えるようだ。

だが、扉の表には図案化された守護神であるとかげが上下に一匹ずつ刻まれ、上部には裸像の男が七人、下部に、乳房をたらした女たちが七人で整列している。その天地中央に、四角い蜘蛛の巣状の線彫り模様がある。その図は神さまが通って行かれる道の印なのだという。神とともに目覚め、神とともに眠る、原始アフリカの誇り高い魂は、この刻紋された小さい扉から今しも滅びの途を辿ろうとしている。

何の縁か十年ばかり前に、この貧屋にやってきた。いつしか擦り切れた板に戻って、意味のないただの木片となり、やがて消滅する時を迎えるのだろうか。私は自分の生きている束の間に、この扉を預かっていようと思う。目鼻立ちも表情ももう定かではない彼らは、すでに神々の象徴のようだ。

その安らかな板に花の影が斜めに落ちて、〈供華《くげ》〉という懐かしい言葉が憶い出されてくる。その姿に向き合っていると、どこか見知らぬところへ引き込まれていくようだ。光と闇の、花のうちそと。彼岸此岸をとぶ螢。いっときそんな幻影にさまよった。

土壁の道

ようやくに奈良の土を踏んで、霧雨のなかを歩いた。

さまよいながら歩いて行ったので、それがどこの領域《あたり》なのか、すぐには判断がつかなかった。

しばらく経ってから興福寺の境内だと識ったのだが、濡れそぼってところどころ水たまりも出来た土の道が、アスファルトに慣れた足にやさしかった。

深い緑に染まりながら、一足ずつ踏みしめるように歩を進め、そのことだけで充分に満ちてくるものがあった。

人数《ひとかず》は少なく、雨はいつの間にか止んだり、霧状にけむったりした。

鹿の糞がかたまって落ちていたし、睫の長い鹿がじっと私を視つめているのにも出逢った。

東大寺の戒壇院へ通じる道を歩き出した時は、雨も上がって、古代からの風が崩れかけた土塀の上を吹いて行った。

磨き上げられた格子戸の家並みがあり、小川が流れて、うつぎの白い花が流れに沿って光のように咲きこぼれていた。

「うつぎかしら。まだ咲いているのね」

「きれいだねえ……」

友人と言葉を交わし合い、花々の眩い白さに、川の瀬音が間奏曲のように鳴っているのを耳にした。


私はささやかなこの旅に、何も望んではいなかった。

それはこの世でのことであったし、夢幻を逍遥したのだとしても、私は目を見開いてまどかな石たちのおもてをなぞり、露したたる黄花しょうぶの葉先に視線を放ったりした。

それは室にいて、モーツァルトのピアノ曲を聴いていることとさしたる違いはなかった。自分の内側の光景に僅かな夕光が射して、いつしかハスキル（ピアニスト）の繊細なピアノが流れ出していた。ニ短調の主調音は暗く烈しくやわらかく、私は一羽の鳥のように魂が羽搏くのを憶《おぼ》えた。

土壁のなつかしい道を下って行きながら、どこかで蛙が鳴いているのを朧《おぼ》ろに聴いていた。コロコロとも聴こえたし、ケロケロと語り合っているようにも聴こえた。

私は所沢の家の庭の蛙には、まだ逢っていなかった。去年の秋、玄関の外の竹の所で何気なし目を上げたら、細い竹の小枝に青蛙が一匹とまっていて、ぱったり目が合ってしまった。一声も発しなかったけれど、つぶらな丸い目を見ていると、蛙のこころがすこしだけ解るような気がした。

あの子は、雪の多かったこの冬を無事に越せただろうか。

トテモキレイナ花。
イッパイデス。
イイニホヒ。イッパイ。
オモイクラヰ。
オ母サン。
ボク。
カヘリマセン。
泥ノ水口ノ。
アスコノオモダカノネモトカラ。
ボク。トンダラ。
ヘビノ眼ヒカッタ。
ボクソレカラ。
忘レチャッタ。

オ母サン。

サヨナラ。

大キナ青イ花モエテマス。


（「青イ花」全文）


草野心平の蛙の詩を、今頃きまって憶い出す。遠ざかって行く蛙の声は、私の胸の辺りで鳴いていたのかもしれなかった。

オ母サン。サヨナラ。大キナ青イ花モエテマス。

地上から消えた蛙たちのまぼろしの合唱が、畔道を歩くと切なく私を追って来る。

モーツァルトのハ短調にピアノは移り、一層悲劇的な哀愁をたたえた情熱が奔走する。

何処にいても私は、ハスキルの澄んだピアノの音色を聴いていた。

雨上がりの湿った土の道は、足裏に柔らかく、私を無辺へと誘《いざな》うようだった。秋篠の里を振り仰ぐと、白鷺が一羽、上空を鋭く横切っていずこへか下りて行くのに出逢った。あれは、誰であったろう。

穢《けが》れ知らぬ白い尖った翼を翻し、天空へ駈け去ったひと。私の目には真白い翼が、疵のようにのこった。

登大路の小さな店で、古びた絣や藍染めの木綿をさわらせてもらった。ころんと丸い木原《きはら》（江戸時代初期、木原窯で焼かれた陶器）の染付茶碗も手に享けて、歩いて来た道のりをぼんやりと憶い返していた。

手は届かなかったけれども、砂高台の初期伊万里の、首の長い欠け徳利も忘れることはないだろう。

秋篠の里で視た白鷺の、真白い翼のようだった一本の徳利。

帰宅した翌朝、庭に出ていたら、所沢のよどんだ空の奥でカッコウが鳴いていた。

笹岡秦山急須（昭和時代）万古焼　高さ 6.5cm

たそがれの木鉢

古いものって、なんだかこわいと思い込んでいました。でも、そうじゃないのかもしれないって、今日ここに坐らせて戴いて、お地蔵さまを見ながら思いました。

そのひとは向き合う私に話しかけながら、戸惑って揺れる自らの心へ、ゆっくりと諭すように話しているようだった。

知的な広い額に前髪がぱらりとかかって、涼しげな目元に翳が漂う。そのひとの内部で、それまで出逢ったこともない真新しいものが、もしかしたら今、産声を挙げようとしている……。

人間よりも永く、果てしなく生きながらえて、謎にその身を晒しつつ、いっしんにこの世の塵芥にまみれて在るとしたら、こわさは誰にも実感されるものなのだろうか。

古いものって、あたたかくて、疵《きず》も味わいに変わったりして、とたどたどしく呟いてみても、ひとに伝わるようには言い得ない。一切の言葉を超えて魂とひびき合うのが、骨董の醍醐味であるだろう。


ふとお茶を飲みたくなったので、台所に立って行く。戸棚の中から草文の伊万里の猪口を取り出し、急須は小さな万古焼で笹岡秦山*さんのものを盆上に置いた。

時折骨董店で時代の急須と一緒に並べられたりしている。ころんと丸くて、てのひらにのる愛らしくも渋い姿の急須である。

かつて秦山さんの陶房に、幾度立寄らせてもらったろう。今も彼の急須を使うと、ブラームスやシューマンの旋律が、私の耳に大河のうねりのように流れ出すことがある。

「私は一日中こうやって急須拵えながら、音楽を聴いてますんや。どっちか言うたら短調の曲の方が、好きですね」

ステレオも自分が組立てたものだと、訪ねた折に少し頰を染めて語られたことがあった。

およそ奇を衒《てら》わない、土そのものの感触をとどめた素朴な造りの急須で、私には秦山さんそのひとを見るような気が、いつもしていた。

そば猪口に汲んだ煎茶を飲みながら、器面に溌剌《はつらつ》と描かれた自由な草々の生命を視ている。こうやって使うたび、私は伊万里がほんとうに好きなのだと思わずにいられない。

口縁《こうえん》が幾分端反《はたぞ》りになった、高台付《こうだいつき》の古い伊万里の健康的な美しさ。どこにでもある草に宿った露の、極上のきらめき。普段ひんぱんに使う食器だけれど、使うたびに清冽なもので心が浄化されてゆく。

数日前、私は久し振りに横須賀に出かけ、友人の店で古い漆器を購《あがな》った。一つは、さんざん酷使され。痛みほおけた片口の銚子である。塗りははげかかり、口縁は一部V字型に小さく割れて、風化そのものへ全身を投げ出しているかのようだ。

手にしてみると、見込みの黒っぽい朱漆《しゅうるし》が言いようもなく深い色合いで、「この朱《あか》」と目が離せなくなってしまった。

「これねえ。たまんないでしょ。じっと見てたら泣けちゃうよ。どんな人が買うかなあって思ってたけど……。永い間、そのままだったの」

店主は、今にも泣き出しそうな瞳で私を視、銚子を視ている。

「こんなに安いのにねえ」

「ほんとうに」

彼女の溜息に私の溜息を重ねて、何かを精一杯こらえているような時代の漆器を、そうっと両手に包み込む。

店には、口径五十センチ程のくりものの木鉢や、朱塗りの大鉢がいくつか置かれている。口縁を黒漆で縁どった塗り鉢が気に入ったので、これも戴いて帰ることにした。

二間しかない小さな家に、大鉢を抱えて帰ってどうしようというのだろう。これは用のための暮らしの道具に違いないけれど、私はもう、何かのために役立てなくてもいいのだと思っている。この器の広々としたふところに、目に見えぬものを放ってみたいのだ。

遠い日に離れたひとへの苦い憶いも、バッハを聴きながらきまって胸にきざす人恋しさも、ろう石で道端にしゃがみこんで絵ばかり描いていた幼い日の孤独も、そこにそっと放って。

ほの青くたそがれ始めた春の夕刻、一個の木鉢の内に満ちるものを、坐ったまままいつまでも憶い見ることができたら。

人間の幸福は、こんななんでもない時間に、ささやかなものを媒介にして、音楽のようにふかぶかと立ちのぼってきたりするのだろう。

＊一九九二年九月死去

古瀬戸仏花器（室町時代）　高さ 18cm

仏さまの御手

古道具の店で、仏さまの御手に触れました。いえ、仏さまかどうか、確たることはわかりません。けれども、私には古びた木彫のか細い一本の手が、仏さまの慈眼のように思われたのです。

元は、身に添って下へたれていたのでしょう。変遷の月日に、ついに一本になってしまった腕は、つけ根から台に固定され、まるでそのまま天へ昇って行くかのような、やわらかな意志にひっそりと在りました。

虚空にすっと立ち上がったときから、手は、〈永遠〉や、〈真髄〉というものに触れてしまったのでしょう。そうであるが故の、腕の肉づきの薄さに、私は声もなく傍らに立ち、開かれた手の茫洋と指し示すことばを聞きたいと思いました。そこから、音の譜が生まれ出す気さえしたのです。

われわれ人間のようには血も肉も付けず、情さえ持たずに淡々となにかを示して、草のごとき輝きです。

黒々とまぶしい荘厳の御手を振り仰いで、人間同士の確執から遠去かって行った日のことを、私はふと想い出しておりました。そんな狂おしくも誇らかな、私自身の心中《しんちゅう》に打ち上げた狼煙《のろし》のような。

風立ちぬ
いざ生きめやも

堀辰雄の小説にあったバレリーの詩句、〈いざ生きめやも〉を胸に経文のごとく呟いて。

そうして超えねば生きてゆけぬほどの、私自身の弱りでもありました。

ゆるりと時間をかけて店主が淹れてくださった極上の煎茶をいただきながら、台の上を幾たびも私は振り向きました。あのとき手は、何を招いたのでしょう。一瞬影が動いて、それきり、静けさが戻りました。

寂然と鎮まる指先の、微かな傾きに陽は落ちて行きます。時もまた新たに、そこから生まれて行ったようでした。

ヨルダン土器鉢（紀元前 3000 年）　高さ 14.5cm

風を抱く

お茶とは、いったい何なのだろうか。

その店に立ち寄ると、「どうぞ」とまず煎茶でもてなしていただくのだが、このお茶が並ではないのだ。一碗の茶に、いかほどの思念がこもっているのか、いないのか。これは、と思いながら、私はいつも黙って味わう。差し出され、いただきますと頂戴する、その刹那の呼応が真実なのだろう。

朝顔型に開いた小振りの渋い粉引《こひき》茶碗に、少な目に注がれたお茶をそっと口にふくむと、私はなにか光に打たれたような感覚を覚えてしまう。それは、永い間忘れていた味覚というよりも、人の真に触れ得たような、心の底から湧き上がって来るものでいっとき満たされる。

さりげなく流しに立ち、亭主みずからが淹れる茶には、淹れ手の魂とでもいうべき抽象が、時間をかけ茶葉をくぐって醸し出されてくるのだ。お茶とその人との間には、雑なる何ものも挟まってくる余地がない。

なんとさりげなく凄いものを、そのこころざしを、主は一人の客に差し出すことができるのだろう。惜し気なく汲んで、海とも山とも知れぬ客に「どうぞ」と渡すそこでの日常に、主の本気を察するよりほかはない。

そんな本気を濁すような、愚かにも私は和菓子など携えて、誤魔化してしまったことが一度ならずあった。店主の淹れる煎茶には、菓子という雅びた形は余分なものであったろう。座興の菓子はいいものだが、邪念のない一碗の茶に憶いをはなち、思わずため息をついて、自分の無粋を恥じた。

お茶というのは、そこまで人格をもつことが可能なのだろうか。人格がそこまでの茶を汲み得るのか。

「ここは、ほっとするなあ」

と言いながら、店に入って来た男性がいた。

何が店内に並べられているというわけではない。紀元前三千年などという、まるで時代の空気のような、見えているのに見えないものをそっとまわりに置いていて、訪れる客人は形の向こうに目をやるばかりだ。亭主は素知らぬ振りをしてお茶を淹れに立つ。

その見事な調和にぼおっとして、店ではない、ここは一つの開示された精神の場であることを知った。破片もはぎれも、そこでは歪曲されない歴史そのもののようにまっとうで、なんと自在なのだろう。見知らぬ地の渇いた土にさわり、その香を嗅ぎ、訪れる者は精霊のかそかな声を聴く。


早まぼろしのヨルダンで、名の知れない一人の人間がこしらえた花のような鉢。薄い作行《さくゆき》の、あたかも少年が鉢のすみっこにもたれてまどろんでいるような、そのほっかりとふところ深い土器に、私は思わず触れてしまっていた。

なんとも掌にあたたかい土の感触、縁に指を当ててその薄さを反芻し、土器が今もなお五千年昔の風を抱いていることに、めくらむ想いがする。一面朱の肌に、灰暗色の焦げが雲のように散っていて、ひときわ土の明るさが匂い立つ。おそらく鉢底のうつろでは、闇でなく、かの時代の光が炸裂しているのだろう。光源はそこであったと、まぶしい陶酔にひとしきり我を忘れた。

その姿は、円を半分に割ったのに似て、やや端反《はたぞ》りの口辺《くちべ》の外側に小さい穴を一列に押し、ところどころ土が突起するように盛り上がった部分があるだけの、ごく簡素な装飾だった。

じっと見ていると、土器のうちそとには、天体に拓ける星雲が無限界を示して懸かっているように思える。そのもとで、万物の生き死にを受容してやすらいでいる大地。きっとそこが、ヨルダン。地図帳をもたない私には、なぜかそう思われた。

そんなはるけき昔にも人がいて、春夏秋冬、愛別離苦の手で土をこね、神への捧げ物や、日常の器を作っていたというのだ。心を澄ませば伝わってくる土の響きは、人の響きにほかならない。それは、この店の主自身の響きであり、声であり、眠っているばかりであった過去の私の掠れた声でもあるだろう。

私はふと椅子に坐り直して、再び汲んでもらった煎茶碗を抱きしめるようにもろ手に享けた。掌に直かにくる温みをしばらく娯しみ、それから、口中に広がるお茶に救われてゆく。まだ生きてゆける、なぜかしら私にはそんな感慨が湧いてならなかった。

野仏（室町時代）　地上の高さ 22cm

椅子の時間

その骨董店に、黒光りしている臼の椅子があった。

「お坐り」そう言われた気がして、坐ってしまった。椅子が人待ち顔でいたわけではない。私が椅子を探していたわけでもない。

けれども腰を下ろすと、ああ、これだったんだと、安堵の思いが自然に湧いた。ちっぽけな人間を丸ごと抱えて、椅子自身もほっとしたかもしれない。私と椅子との間に、「暗黙の了解」が往き交った。

スプリングが効いているわけでなく、背もたれが高く取ってあるわけでもない。無愛想なほど木は硬く引き締まって、背もたれに当たる部分は、ちょうど腰の辺りで終わっている。

座布団代わりの丸いクッションが明治の頃の藍の型染めで、元は臼だったので簡素なデザインがいっそう引き立っている。足に当たる部分が、大きなナタで斫《はつ》った荒々しい面取りになっているのも、強烈な野性味を放っていた。

ふかふかの、坐れば埋もれてしまいそうなソファや、大きな肘掛け椅子に「どうぞ」とすすめられて、困惑した記憶が一度ならずある。なぜだか判らないが、私には居心地悪く、落ち着くことができなかった。

畳に座布団を敷き、座卓を置いてという生活をしていても、私は椅子も好きだった。椅子のすがたが好きだった。誰かに坐られるために作られ、人を、あるいは動物などを抱いている時が最も椅子らしいが、誰も腰掛けていない椅子というのがたまらなかった。そこに漲る空白の淋しさと、軽妙な感覚が、椅子の人格というようなものを放射している。ぽつねんとして、椅子が自分自身の膝の上でたゆたっているような、そんな穏やかな光景が好きだった。

ロッキング・チェア（揺り椅子）という椅子がある。詩友の高田さんと渋谷での用事を済ませて、何気なくガラスのドアを押した喫茶店の、坐った椅子がロッキング・チェアだったことがあった。

そっと腰掛けてから、揺らしてみる。意味もなく何度も揺らした。

その日、喋るのも辛いほど疲労していたから、全身を投げ出すように背もたれに体を預け、私はただ揺れ続けた。向かい合った高田さんとどんな話をしたか、まったく覚えていない。揺れながら、自分の呼吸がいつの間にか楽になっていたことだけが、ぼんやりした記憶にある。

あれは、不思議な椅子だ。

椅子そのものが動きを放って、もう一つ別の時間を紡ぎ出す。「動く」という、他の椅子には持ちようのない所作の生み出した、珠玉の時間。

ロッキング・チェアの似合う友人がいた。くるぶしまで隠れる長いスカートをはいて、唐草模様の渋いロングエプロンをして、一人その椅子に揺れていた。

古いステレオから流れていたのは、スメタナの「交響詩モルダウ」だったか、リストの「ハンガリー狂詩曲」だったか。油絵に当時うつつを抜かしていた私は、思わずスケッチブックを引き寄せてコンテを走らせる。三十号のカンバスに仕上げたが、絵のモデルになった友人も、その油絵も揺り椅子も、もうどこにもない。

あの時若かった私たちには、揺り椅子の紡ぐ〈夢の時間〉が必要だった。何十年振りかで揺り椅子に坐り、少し苦味の強い珈琲を飲みながら、あの頃夢見ていたもののおもかげを探った。

今、わが家の玄関を上がったすぐの狭い空間に、黒光りした揺り椅子ならぬ臼椅子が在る。縁あってこの小さな家に運ばれて来た。

「初めからここにあったみたいじゃない？」

友人たちは口を揃えてそう言う。

木の枯れ具合を見ると、百年前後は経っているだろうか。

「お坐り」あの日、私にそう声を掛けてきたのは、誰だったろう。そうして、私は坐った。椅子という、大いなるものの恵みの上を。

まっ黒い木の塊。木の精が、椅子になってここにうずくまっている。優しく丸い窪みに体を預けて、さっきからもの想うともなく開け放った玄関口を見ている。

野仏の傍の水引草の葉は、柔らかく伸び、花を終えたあとの春蘭の細い葉が、何を疲れたのか地に伏しかかり、小判草の実はすでに立ったままドライ・フラワー風情である。下野《しもつけ》の根元に、秋海棠のハート型の初々しい葉が二、三枚。この家に来て、秋海棠はまだ一度も咲かない。

過ぎて来た途方もなく長い時間も、今まさに過ぎようとする一瞬も、椅子は全容で受けとめて、こんなに静かだ。時間と時間の目に見えないあわいを、ひらりと紋白蝶が飛んで行った。

私はふと、午睡《うたたね》したくなってくる。

常滑大平鉢（鎌倉〜平安時代）　径 30cm

夏の朝

曇天の、冷んやりした大気の漂う夏の朝。

濡れ縁に一人坐って、叢《くさむら》を見ている。昨日の、そのもっと前から、ずっとここに坐っているような気がする。途方もなく永い間坐り続けてしまったようなので、ある詩人から〈市井の隠遁者〉という名を頂戴した。

これは、夢の続きだろうか。それとも、還るべき場所へ回帰したのだろうか。

オナガが発光したように空中を啼いている。澱みを切り裂くあからさまな鋭さで。

だが、私はここにいて、そして、川のほとりの白い蕎麦の花群に憶いを埋《うず》めているのだ。

夢でなくうつつでなく。蕎麦の花はそのきりぎしに咲いている。花の秩序が私の逡巡を越えて拡がる。

珍しく自分で電話のダイヤルを廻し、勝見充男さん（自在屋主人）のかつての棲いを訪問したことがあった。

マンションの和室の一室に通されたとき、束の間だったが、自分が何処にいるのか勧められた麻の座布団に座して、茫然とした。

その部屋の壁際には、漆黒の闇の如き、鴉の濡れ羽色の如き磨きのかかった低い小簞笥が在り、その上に須恵《すえ》（古墳時代後期から奈良・平安時代に大陸系技術により作られた素焼きの土器）の破れ壺がひとつ。そこの主の瞑目のように、それは端然と置かれてあった。

口辺《くちべ》から胴にかけて四分の一ほどが欠損している壺に、黒褐色の意志的な釉が烈しく雪崩《なだ》れ落ちている。その勁《つよ》い釉を抱擁するかのような、硬く焼き締まった土肌の面。一本のぴんと張った琴線が器体を巡る。

破形の壺の、成就のような鎮けさ。

坪庭に見立てられたベランダには石が配され、植木鉢が二つ三つ点在する。たっぷり打水された清浄な空間に、目に見えぬものが淡々と流れていく。半分ほど引かれた障子戸に、笹が濃く淡く生命の影を落としている。

私は自分の背筋を正しながら、なつかしい憶いにひたった。わが身一つを包み込む、和解のようななつかしさ。

掘《ほり》の手の三島茶碗へ涼しげに薄茶が点てられ、私は小茄子の砂糖菓子を目を細めて頰ばった。

遥かな昔日の、古唐津半筒茶碗をいつしか私は憶い返していた。あの伝世《でんせい》の茶碗が無言の裡《うち》に放つ不二の煌めき。見込みのふところに宿る究竟《きゅうきょう》の雅味を。

茶とは、何の示唆であっただろうか。茶を識らぬ者に差し出された、一服の永遠。

沢山の美しいものに囲まれながら、勝見さんと他愛もないことを喋った。私のたどたどしい墨にも話が及んだ。掛け物に仕立てた山頭火の〈おとはしぐれか〉の句作品を「あれはよかった」と彼は言う。何気なしに書いた一枚でしたと応えると、

「いや、あの書にはあなただけじゃない、何かの力がありましたね。そういうことって稀に起こり得るんです」

直観の人の視線と対座して、私は消え入りそうになっていた。話をわが家のめだかたちに転じる。

「めだかの赤ちゃんはいりませんか。今年も初夏の頃からね、既に何百匹も生まれているんです」

この夢のまたたきのような坪庭の一郭で、ほっそりした魚影が透いて見えるとしたら、ここはいっそう生彩を帯びて何かが動き出すだろう。私の一方的な呟きに、勝見さんは緩やかに首を振って目を上げた。

「いきものはね」と言葉を区切り、「実は八年もみどり亀を飼っていたんです。それが去年死にました」

人と人との訣れも、人ともの言わぬ動物との訣れも、等距離の痛切な哀しみは避けようもない。私は自分の不本意に浮いた声がはずかしかった。

卓上に視線を戻して、唐津のぐい呑みや室町期の根来椀《ねごろ》、初期伊万里秋草図染付小碗を心に拡げた。この伊万里の白磁に描出された草々の健やかさ。淡い呉須（絵を描く青い染料）が滲んで、そこは黄昏の燦然たる草原のようだ。朝になれば陽は昇り、やがて時の推移と共に夕闇に没していく。

自了する一個の碗が醸《かも》す余韻を、いつまでも坐して聴いていた。

目の中の光景にさあーっと風が渡ると、硝子の風鈴がチリッと瞬いて鳴った。私は軒下に吊るした風鈴を見上げる。毀れゆくものに似たはかない音が散って、微かに風の相《かたち》が視えた。

〈仮の宿〉と決まっていつも憶いながら、私はまだこの場を動けない。魂の彷徨だけが、宿縁のように赦されてきた。

濡れ縁のすぐ前には、水引草の紅い点々が畢生《ひっせい》の間《ま》を揺れている。その呼気ほどのあえかな振幅。私は眩しい哲理のように細い草を視た。

矢谷長治画「柿図」1994 年1月　24cm × 27cm

矢谷長治画伯

いのちの火色

去年、矢谷長治《やたにちょうじ》の彼岸花の写生画《デッサン》が、私の乏しいコレクションに加わった。画家と知り合ってしばらくした頃、私は初めて観る個展で柿の画を一点購ったが、その後画家から手紙とデッサンが一枚送られてきた。わが家の矢谷作品は目下その三点だけである。しかし、三点も所蔵していると思えば、なんと幸福な思いがすることだろう。

日本画の柿の画は、小品ながら気韻の高い作品で、矢谷作品の真骨頂に触れる心地がする。四角い色紙のやや左寄りの下部に、熟した朱《あか》い柿が一個だけ描かれている。尋常ではない鎮まりの中、黙して語らぬ柿がただ一つ。この堂々たる佇まいは、いったいどうしたことだろう。深閑たる韻《ひび》きの宇宙を蔵《ぞう》して悟入した僧のようではないか。

画家本人から贈られた四ッ折の写生画は、矢谷長治が三十年以上も画室として使用し、管理していた本學院（埼玉県所沢市内にある寺院）の本堂から見た、庭の紅葉をクレパスで描いた下画のような一枚だ。画中の手前右には根来《ねごろ》塗りの朱の卓があり、そこに李朝白磁の徳利に椿が一輪活けられている。

そうだった。私たちが遊びに行くと、俗気を払うような花を活けて、いつの時も画家は歓待してくれた。卓上には名品珍品の茶碗がいくつも並び、「さあ、どれにする？」と茶目っ気いっぱいにすすめてくれる。どぎまぎしながら「私はこれ」と、李朝の刷毛《はけ》目《め》平茶碗《ひらぢゃわん》に薄茶を点ててもらい、極上のお茶をご馳走になる。それから、長治好みの掌中の珠の如き茶碗としみじみ対面した。庭に目を放てば、荘厳の夕陽に庭中の樹木が燃え立っている。

この写生《デッサン》を見ていると写真以上の記憶が溢れ出し、懐かしさは真に言いようもない。

黄昏れの頃には幾人かの知人達も加わり、師の手料理にみな好みの酒器を選んで、本堂で賑やかな宴の始まりだ。竹林の上空には明月が懸かり、古色蒼然たる風がひそやかに渡って行く。

こよなく風雅を愛し、日本画家として全うした矢谷長治は、二〇一四年十二月八日、九十九歳で天に還って行った。

それから数か月が経って、画の弟子であり、のちに夫人となられた千景さんから彼岸花の古いデッサンが送られてきた。私はすぐに額装して、京水屋の横、常滑経塚壺の真上にその画を飾った。

こたつに坐って眺めていると、抽象画にも見える力強いタッチの画は、花の朱の部分が際立って濃密に見る者に迫ってくる。それこそが矢谷長治の霊妙な、尽きせぬいのちの火色なのだろう。

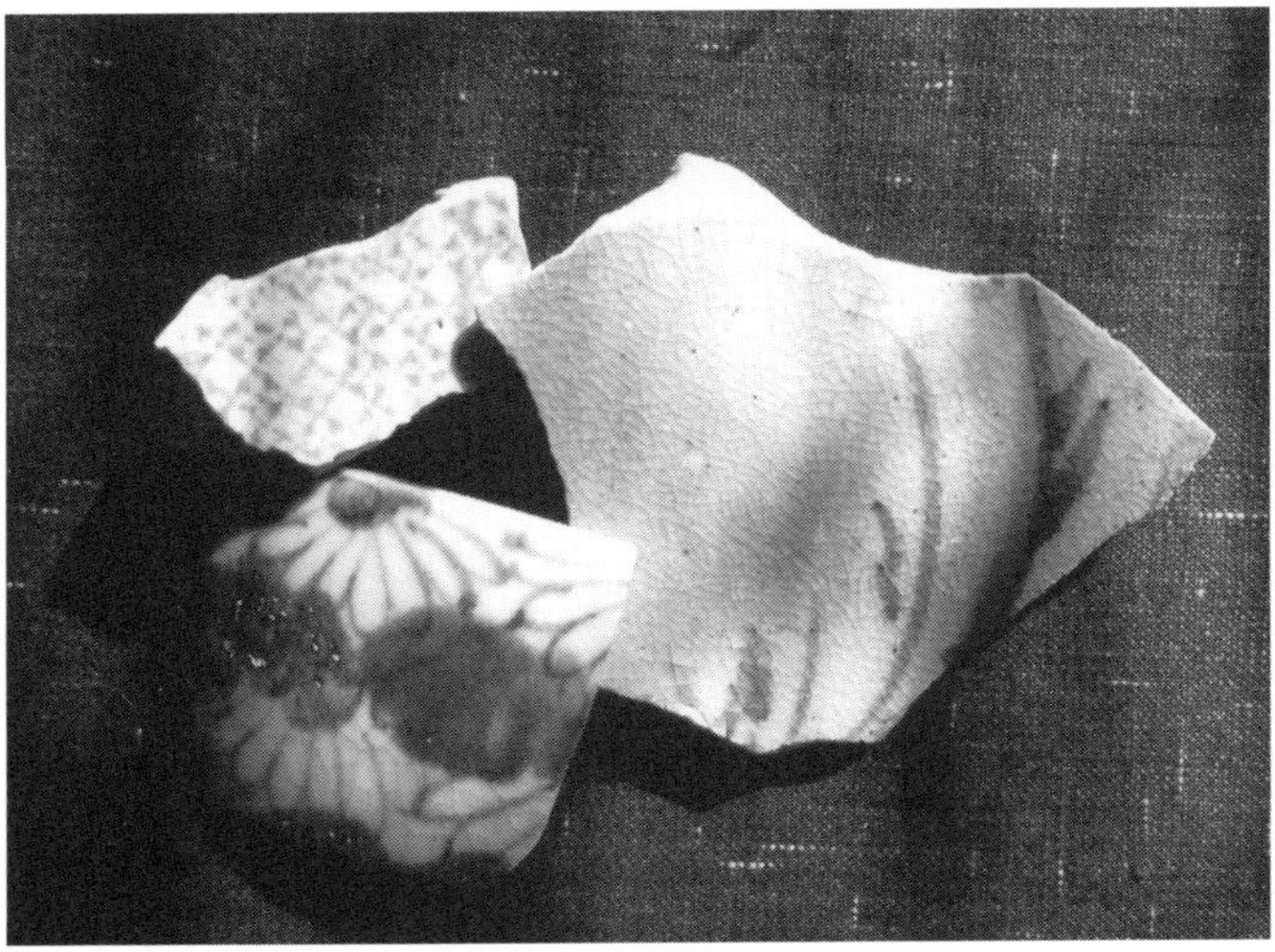

伊万里陶片（江戸時代初期〜中期）　右端径 8cm

渚の記憶

友人たちと日帰りで伊豆の子浦に出かけた。

終日雨模様だったが、降るでも降らぬでもないやわらかな雨は、静かな入江を優しい呼吸で包み込んでいるようだった。

遠く近くミャアミャアと瞬くように鳴いて、飛び交うウミネコ。低い山々が墨絵のように重なり合い、対岸では小さな漁船が音もなく往き交っていた。

海の写真を撮ろうと、旧式の一眼レフを手に浜辺に降りて行く。

観光地でもない海べりは、私たち以外に人影もなく、乗り上げて無雑作に放置されたままのボートや、打ち寄せた諸々のごみ類ですこし荒涼としていた。それでもプンと鼻にくる磯特有の香りや、穏やかに寄せては返す波は、私たちの心を掻き立て、鎮めてくれた。

それぞれに歩き始めると、私たちは忽ち立ち止まってしまった。半ば埋もれながらきらきらとつぶらに光っている何ものかに、まっすぐ捕えられてしまったのだ。

「やっぱり。陶片！」

私が声を上げると、友人たちのまなかいは、せわしく砂上を往き交う。

「伊万里ね」

「あ、これも」

「くらわんかだわ」

「染付《そめつけ》が多いね」

「凄い、凄い」

時ならぬ古伊万里の発見で、私はカメラどころでなく、濡れることも汚れることも忘れ、没我の境地で歩き回った。

古い港であり、近くの下田とはまた別の漁港として昔は賑わったという。それを裏打ちするような江戸時代のおびただしい遺品である。おはじきよりやや大き目の破片に割れてしまっていても、その形状や染付の色や描かれている文様などで、およそ時代の判断がつく。元がどのような器であったか、一つ一つ想像することも、心が大変ときめいた。

それぞれの器が負ってきた歴史は、当然に一様ではなく、新品のように美しい磁肌を晒しているものもあれば、波や時間をくぐって表面の透明釉は磨滅消失し、染付の淡い青だけが、ひっそりと沈黙を守っているかけらもあった。何かの衝撃で砕けて、さらに細かい陶片になり、鋭利だった欠け口が数百年波に洗われて丸く削《そ》げつづけ、いつしか別の何かになろうとしているかけらもあった。

薄造りの上手《じょうて》の作も見つかったが、くらわんかと呼ばれる厚い胎土の実用食器が多かった。どっしりと重く安定感のあるくらわんか碗やくらわんか皿は、古陶好きには人気があり、骨董店でもなかなかお目にかかれなくなっている。

一説によると、江戸時代にくらわんか船という、飲食を供給する船が港を往き交い、その船上で使用する食器には、持ち重りのする安定感のある器が用いられたそうだ。

私はかつて、鎌倉の海岸でも二、三片の伊万里めいたものを拾ったことがあるが、知人は中国宋時代の青磁片が数多く上がると聞いて、毎朝浜を歩き、ダンボール箱三個にびっしりの青磁の破片を蒐《あつ》めた。

おそらくそれは、中国から宋時代に日本への貿易船として大小の青磁器を積載してやって来たとき、鎌倉の近海で難破したものが数百年かかって渚に辿りついたのではないかと推論されている。けれども、私が歩き回った日には、一個の青磁片も見つけることが出来なかった。

二年ばかり前に行った葉山の海岸では、十数個の古伊万里（江戸中期のものから明治期にかけての陶片）を拾った経験があったので、子浦に降りたときも少なからぬ予感の中にいた。そして砂の上を歩み始めた途端、「やっぱり！」と歓喜の声を上げることになったのだった。

半時間ほどの短い間に、私たち三人は両手一杯陶片だらけにして、まるで童女のようにはしゃぎ合った。

砂まみれの貝殻にも似たそのかけらが、決して何かになるとは思わず、ただただ浜辺で、時の慎ましい遺品を自分たちの手で採集出来た悦びで満ち溢れた。

陶片を、媒介に昔の人と語り合う。

私たちは今ここにいて、瞬時に江戸時代へもぐり込み、海上での暮らしを垣間みることが出来るのだ。

丈夫な美しい器を生み、それらを用いた人々の、健全だったであろう日常。この一片からも、江戸期の人々の情景を思い見ることが出来る。

それにしても、海というのはなんととてつもないふところで、秘宝を護《まも》りつづけているのだろう。

ここに在るよ、とも語らず、未来永劫淡々と銀の波を寄せては返す。

「そろそろ行かなきゃ」

私たちが砂上から視線を波の彼方へと放つと、信じ難い事件のように、波に乗って突如一匹の犬が現われた。

いったい何故海から犬がやって来るのか。

絶句して、ようやく渚に這い上がった犬と対面する。

ブルン、ブルンと軀中の飛沫を振り払い、私たちの方へと近寄って来たが、呆然としている私たちを置いて、忽ち遠去かって行ってしまった。

そして再び海中へ入って行く。

「えっ？　また海に行っちゃうの？」

大きな声で誰かが叫ぶと、彼は一度振り向いて、こちらを見た。その折の、なんともいえないもの問いたげだった犬の不思議に満ちた顔を、私たちは忘れないだろう。

きれぎれの流木のかたわらに、黒っぽい鳥の骸《むくろ》がころがっていた。

かつての滑らかな生命体が、しんと乾いて、濃くて重い影となっている。

私の胸のどこかが軋むようだった。

やがて、その影も消えて行く。

だが、風も光も、海も空も、この静穏な渚で起こったことを憶えているだろう。いつしか私たちの記憶が薄れてしまっても、見えることのない大きな頁《ページ》には、絵のような文字でいのちのことが記されているのだろう。

〝宗左近宇宙展〟会場にて。
ケース展示の高麗青磁玉壺春徳利

詩人・宗左近氏（1999年7月）千葉・市川市での
〝宗左近宇宙展〈古美術幻妖〉〟の受付にて。

一本の大徳利に

友人が送ってくれた新聞の切り抜きを読んでいて、詩人山尾三省《やまおさんせい》氏の次の文章にふと立ち止まり、自分なりの思索の時間をもらった。

「美しさと、深い安堵感とは切り離すことができないものである。美しいものは必ずや深い安堵をもたらし、深い安堵感をもたらすものは、同時に深く美しいものだからである」

〝風呂焚き〟と題するその文章は、山尾氏がこの二十年以上自宅で五右衛門風呂を焚く折の、暗闇を背景にした炎の比類ない美しさを語ったものであったが、〈美しさ〉というとき、私は自然を除くとどうしても好きな古陶磁へと想いが拡がる。

七月のある日、千葉県の市川市へ出かけ、開催されていた詩人の宗左近《そうさこん》宇宙展の〝古美術幻妖〟を友人と二人で観た。

宗左近氏の蒐集《しゅうしゅう》の中心は縄文土器で、それ以外では朝鮮と中国のものが多く、私は自分の嗜好《しこう》から李朝のやきものを熱心に観た。同じ朝鮮のやきものでも、高麗青磁《こうらいせいじ》に代表される磁器は、その品格や完成度の高さゆえの、油断も隙もない冷厳さが私は少し苦手であった。

しかし、その会場の隅に展示された〈高麗青磁玉壺春徳利《ぎょっこしゅん》〉の前に立った折、これはなんという存在だろうと不意打ちを喰らったような衝撃を受けた。

玉壺春徳利というのは、らっきょう形をした、首がきゅっとすぼまり、肩から底部にかけてゆるやかにふくらんだ形状をもつ徳利のことで、わけてもこれは一升は入る大徳利である。その深々とした首から底部にかけての曲線が、実に優美で安定している。壺総体の個性は、まぎれもなく高麗期の作であるのに、肝心の青磁の上釉《うわぐすり》が、永年の風化で大半剝落しているのだ。至る所胎土が赤むけになった状態だった。

その上、天に向かって開放された上品な口造りが片側に首をかしげたように歪んでいて、その口縁部の三分の一が欠落して、ない。

古美術という観点から眺めれば、この高麗青磁玉壺春徳利は失敗作の参考品であるだろう。

しかしながら存在というのは、なんと凄いエネルギーに鎮まっているものだろう。古い時代のやきものが、やきものであるということを突き抜けて、高麗という時代さえも振り捨てて、魂だけになって、満身瘦痍の身をこれ以上なく豊饒に晒していた。

窯中での首の歪みは、窯を出て永久に歪みとして固定されてしまったことで、その前に向き合う者を、山尾三省さんの書く「安堵感」へとは導いてはくれない。否、そのたたずみは、ある種の不安感さえもたらしてしまうだろう。

そうであるのに、咄嗟《とっさ》に私は、「これは〈詩〉だよね」と、傍らの友に語りかけてしまった。

傷み欠けつづけたものに天から賦与される、ポエジーの美とでもいうほかはない何か。かの徳利は、それをまとっていたのである。

この大徳利と同時代、同型の完器が、別のケースに展示されていたが、それは私の目にはただ完器というだけのことであった。欠点たるべき口辺の欠損やその傾き、荒々しい磁肌。それらを差し引いても、というより、それらが徳利の上に天災のように降りかぶり、否応もなく備わってしまったことで、詩人宗左近氏のコレクションになったのではなかったか。

安堵感とは対極の様相を示しつつ、総体から発する気韻の高さやその韻きに、私は山尾さんの書かれた「深い安堵感」を憶える。欠点だらけでも、傷んでいても、どうってことはないんだよ。大徳利からそんな野太い声が聴こえてくる。

ここに、こうして存在することの深い歓びと哀しみ。もしかしたらそのとき、そのように赦されたのは私自身かもしれなかった。

じっと見つめていると、いつしかそれは一片のかけらとなり、やがて痕跡も残さず消滅していくという、自然の偉大なる摂理が焙り出されてくる。私たち人間や生物や、生まれ出たことごとくのものたちも、時来たれば形あるものなべて天の営みの内に吸収され、果てていく。高麗から現代へと時空をまたいでやって来た一本の大徳利に、私はまことの深い安堵の想いを抱いたのだった。

初期伊万里猪口草花文（江戸時代初期）高さ 4.5cm

猪口の裏（蝶文）

ひとつぶの露

朝から冷たい雨が降っている。雨に閉じ込められて、今日は一歩も家の外へ出なかった。雨が嫌いなのではない。

「雨もええもんやで……」

空を仰いで嘆く私に、呟くように言った遥かな日の父の声が、雨の向こうから聞こえてくる。

屋根を打つ雨音の、時に烈しく、時にしめやかな天然のリズム。大地が潤い、乾燥し過ぎた室内の空気が、やわらいでいるのがわかる。

玄関の外の、石のほとけもたっぷりと濡れそぼっているだろう。草々の間に置いた木仏も羅漢も、甕や壺も久し振りの雨水を享けて、しみじみと安らいでいるだろう。

晴れているだけで心騒ぐ日もあれば、雨の感慨に、忘れていたものを胸に喚び戻す日もあるのだ。月日はこうして遍《あまね》く私たちの上を過ぎていく。

雨音を聴きながら熊谷守一の画集を見ていて、「朝露」という作品に行き合った。初めてこの画集を開いた時も心が踊ったが、繰返し見ていても、私は一枚のこの小品（目録によると、油彩で四号）に心がふるえて止まらない。

画布の中ほどに、思い思いの方を向いた自由の象徴のような草々が、橙色の線で縁取られて、黄緑に平塗りされている。左方の一本の草の葉末に、まるい点が一つ。それが朝露である。そして、その上方の空間にも、同じく丸をぽつんと一つ黄色で塗ってあり、他は茶色一色で塗り潰されている。他の作品もそうだが、実に単純明快、用いた色は四色だけである。

一本の草を、このように煌《きら》めかせている一滴の露。空中のまるい点は、いまようやく結ばれて露になろうとする刹那の、生まれ出るすがただろうか。それとも、銀河宇宙に懸かる神秘な星の光。それが、この地球のなんでもない草むらの一隅に、ようやく今届こうとする。

細いしなやかな葉上に露が宿って、朝は清々しく始まっていく。それは古代劫初の朝であり、守一の宿した清浄の朝であった。

もうどれくらい前のことになるのだろう。真白い障子に、庭の草木の影が揺らめいて映る閑静な家の座敷で、小半日、古いやきものなどを見せてもらったことがあった。

「時代の少し下った完品より、疵《きず》があっても僕は美しいものの方を選びます。美しいものは、どうあっても美しいですから」

その人の珠玉の言葉を心でうけて、古い根来《ねごろ》盆の断紋《だんもん》（時代と共に入った塗りの表面の細かいヒビ）を視ている。高麗青磁の透き通った翡翠色。たっぷりした見込みの会寧《かいねい》茶碗の味わい。次から次へと見せてもらい、汲めど尽せぬその人の大きな人間性にも触れ得た、恵まれたひとときであった。

その時、私は何を喋っただろう。何も、何一つも、喋ることができなかったような気がする。心にふかぶかと満ち来るもののことを、ただ黙って、頷いて、憶っていたのだった。

「こういうの、可愛いくってね、いつの間にか蒐《あつ》まってしまって」

と、卓上に並べてもらった初期伊万里のそば猪口《ちょこ》は、高台《こうだい》のあるのもないのもみな小振りで、「秋草手」と呼ばれている草花を染付で描いた図柄が多かった。

それらは、熊谷守一の「朝露」の絵の世界と、どこかしら相通じるものがあった。線も造型もおよそ手法は違うのに、小さな限られた器面に逡巡のない筆捌《さば》きで、弓なりの草の葉を描き、つぶらな花びらや露を置く時、初期の陶工の描出した世界のけがれなさに、守一の無心を重ねて視てしまうのである。

晩年の三十年間、門外へは出なかったといわれる熊谷守一の、宇宙の無限。

私は猪口を一個ずつてのひらに載せて、その存在を慈しんだ。

「じゃ、この猪口でお茶にしましょう」

そう言って、一個の猪口に極上の煎茶をその人みずからの手で淹れて下さった。かぐわしい甘露を口に含んで、私は歪つにかかった仄青い透明釉の草の葉をいつまでも視ていた。

先程から風が出て、雨音が烈しさを増している。軒に吊した簾《すだれ》のカタカタ揺れる音、竹や樹木のざわめき。何かは確実に流れて過ぎて行った。明日また雨が降るとしても、それはもう今日の雨ではない。そして私は、今日の私ではない。今のこの一瞬に、一粒の露に、永遠が宿る。果てしなく、そののちも。

ふとブレイクの詩が泛かんだ。

一顆の砂にも一世界を
一輪の野花にも一天界を観
汝が手心《たなごころ》にも無限を
また一刹那にも永劫を握る

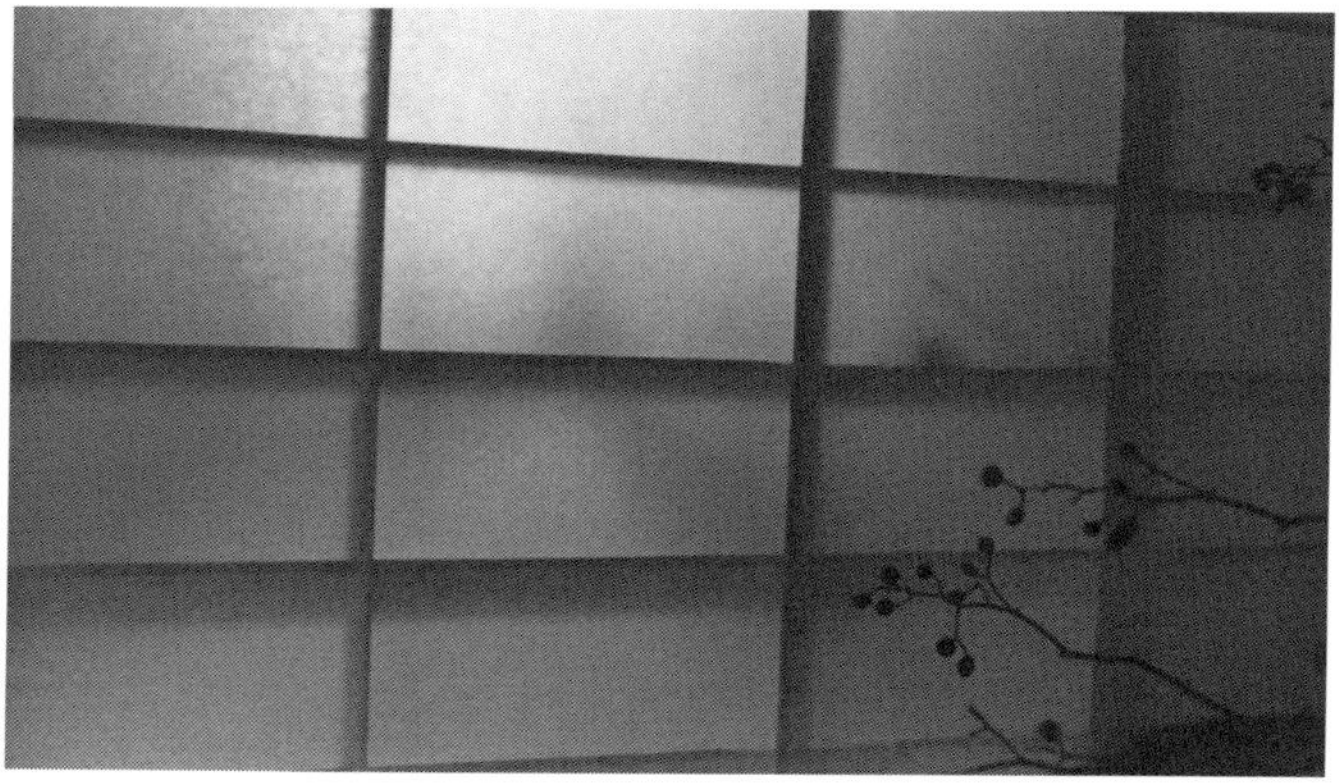

それでもなお、春

みぞれの降る音を、こたつに足を入れて横になりながら全身で聴いている。

ああ、今日は普段より熱っぽい、と体温計を出してきたら、三十七度六分あった。何の熱、というのではない。西方から低気圧が張り出して天候が崩れてくると、いつもの癖という様子で、ほんわりと微熱にこの身をくるまれてしまう。みぞれも雪しぐれも雨も好きなのに、心とは別のやっかいな軀が湿気を厭《いと》うらしい。そんな日は抗わずに、猫と一緒にこたつで休息をとることにしている。

ほたほたと軒を打ち、ちりちりと小鈴のように降りしきり、室内で一人横たわっていると、世界中が冷たいみぞれに浸されて行くような佗しさに包まれてくる。けれども、私はその佗しさが嫌いではない。みぞれの降りしきる音は、決して荒々しい不自然な騒音の類ではないからだろう。

　ストーブをたいていても屋内は底冷えがしていて、こたつのぼおっとしたぬくさと、私自身の心もとない侘しさだけが確かなもののようにおもわれる。

　この冷え冷えしたみぞれは、いつしか雪まじりの白い結晶に変わるのだろうか。あるいは、透き通った雨になって、やがて静かに止むのだろうか。私はこの心ごとみぞれに浸されたまま、侘しく温かい胸に去来する壺のことや、先だって見てきた家のことなどをとりとめもなく瞼の内で憶い描いている。


　壺というのは、夢の話だ。李朝白磁の壺など、夢のそのまた夢に過ぎない。あの日の明け方、真白いおおどかな壺が、行ったこともない店の内部に重なり合うようにして幾つも置かれて在った。

　私は子どものように胸を高鳴らせて壺の間をさまよい、〈夢の壺〉を探しているうちにまぎれて目が醒めてしまった。醒めてのちも、まだ私は夢を見ているようだった。

ふくらんだ円かな形の、薄明の空のような壺中から、ピアノの少し渇いた清明な旋律が響き出す。どのような白磁、とは言葉にならないのに、そんな響きのする壺、とおもってしまう。

人を恋うるように壺を恋い、人に逢っても壺を忘れ得なかった自分の業が、ことさらこんな日は身に染みて痛み出すようにおもわれた。

来し方に、根なし草の、流浪の者でしかないおのれの在り処を、清貧の気漂う〈庵〉に見定めようとしてきた。

私は家を探していたのではない。筑波山麓在住の友人から声がかかって出かけたが、案内された先の国道沿いの一郭には、平家建てのやや古びた家が在った。廻り廊下の陽当たりもよく、内部は透かし彫りの欄間や雪見障子、麻の葉模様の入念の細工を施した障子、掘りごたつ、目立たぬ天井や板壁にまで贅《ぜい》を尽した、およそ私には不似合いの立派な家であった。

小部屋の窓を明ければ、他所の屋根越しに万葉歌にも多く詠まれた筑波山の紫峰《しほう》が間近に迫り、朝に夕に山気《さんき》は走行する車の騒音と競い合って、そこの住人を衝迫するだろう。国道際であることは懸念の内にあったが、建造物が風光をはらんでかもす自然の理のようなひとつの相は、辺りから視えてこなかった。

私の求めていた住居とは何だろう。現代の造り手には無理かとおもわしめる、丹念入魂の大工仕事ではあっても、違うのだ、草の戸を引く庵を視てきた者の目に、映じてやまぬ野と一体になったたたずまいの相。年を経るごとに截然《せつぜん》とする貧の在り処へは、ただ簡素の美が慎ましく存在すればいいのだとおもえる。

床がなければ、格子戸の影に私は李朝白磁の壺を置こう。刻々と移ろいゆく時の明暗を、壺はそのあたたかな白い磁肌に宿すだろう。溢れる光を湛え、深みゆく影に内包するものを私たちは聴くだろう。夢の壺が草庵に持てぬとしても、憶いは壺を喚ぶだろう。喚ばれた〈幻の壺〉に、早春の初々しい微光が玲瓏と差している。

「お変わりなくお過ごしでしょうか」と、奈良へ居を移した友人から短い便りが届いた。

「寺から寺への小径では、冬はことさらに人に逢うこともなく」と続く短信に、拓けゆく光景が彷彿とする。崩れかけた土塀の荒い土肌に、午後の陽がさんさんと降って、足もとの細い流れのふちに、かがまなければ気づかぬほどのはこべが白くつぶらに咲き出している。土塀一帯を明るませている早春の陽の、泪ぐみたくなる安けさ。

私にはまだ遠い奈良が、その距離をまたぎ、遠さを遡《さかのぼ》って行った友人の着実な痕跡に、距離とは心に伸びる遠さであることを教えられたようにおもう。距離も歳月も瞬くまのことだ。滅びは、暗渠のように私たちの下を流れつつあるだろう。降りしきるみぞれを全身に浴びて、それでもなお、春はその向こうに連なっていることを、私は信じていようとおもう。

弥生土器　高さ 5.5cm

知らぬ月日

夏の書の個展の折、会場で洋子さんと再会した。

お元気ですか……万感の憶いをこめて、彼女の澄んだ瞳を視つめる。

「ええ、ちょっと入院してたりして、今は家に戻ってますが、職場は休んだままなんです」

「えっ？」

「実はまた、あまりよくないものが見つかったりして」

聞きながら冷たいものが体を流れ、私は一瞬言葉を失した。

知り合った時から、彼女とは〈生命〉について語り合い、関わり合ってきたようにおもう。生か死かという二者択一ではないところで、ひたすら生を渇望し、それぞれの向こうにある死を凝視《みつ》めてきた。死というものが真近に存在し続けた洋子さんには、どれほどの苦悩と恐怖感とがこの年月に充満しただろう。

私、肺癌の手術をしたんです……会って間もない頃彼女から打ち明けられて、私には返す言葉が見つからなかった。広々とした窓の下に並んで腰掛けながら、生命というものについてしきりに考えようとした。

どこまでも晴れ渡った、あの遥かな午後の時間、とおもう。

生死の境い目を、奈落のきりぎしを、おのが足で歩き渡って来たひとの、涼しい清明な瞳。今真向から彼女は、あの時分より透明度を増して、いっそう清らかな涼しさに沈んでいる。

数カ月前、写真のグループ展に出品した洋子さんの作品を、友人と二人で見に行ったことがある。教会らしき内部から外景を写したもの、昔の荷車の車輪の部分をクローズ・アップで撮ったもの、あと一枚は、社寺の水場を写したものだった。

三枚とも明暗のコントラストが鮮やかで、それら静止したものの上を、ゆっくりと時の移って行くのが視えた。激しく動き続けるこの世界から彼女の切り取った三枚の像は、静寂のはざまに渋く光を弾いていた。

それらは他の出品者の間で異彩を放ち、視る者にひとつの伝言《ことづて》をする。しばらく写真の前に立ち尽して、私はそれを聴いていた。

——あなたの写真、とてもよかった。

毛筆の太い文字で電文めいた葉書を洋子さんに送ったが、グループの合評会ではさんざんだったと、少し表情を硬ばらせて語った。

いいえ、と強い口調で私は応じる。あなたの写真に内燃するかたちが、解らないのよ、と言い、解らないひとには解らないのと重ねてたたみかける。彼女は泣き出しそうに微笑んで、小さく息をついている。

どうか振り回されないで、あなたらしいものを撮って。

もしかしたら、持ち時間が多くはないかもしれない洋子さんに、私はやっとの憶いでそれだけを告げた。

生命のことは、私たち誰にも判らない。心臓を病んだもう一人の友人の、「生き急ぐ」心情も、切実感をもって今憶い出され、けれども、生命のことはやっぱり誰にも判らないと、それが入口のようにあかるくおもわれるのだ。

西陽の射し始めた濡れ縁に坐って、葉の落ちた樹々を見ている。今日は暖かいせいか、右腕のケンショウ炎もあまり痛まない。ひところは箸を使うにも、ふきんを絞るのにも不自由していた。

心配してくれた友人から、産地直送のリンゴジュースが届いたり、福岡の知人からは、思いがけないものが届けられた。何重にもくるまれたその紙包みを解く時、陽なたくさい土の匂いがぷんとした。

「弥生前期のこゑ《（ママ）》のようなものを、お見舞の便りとしてお送りします。海辺のきれいな白砂の底から、永い眠りを覚めてこの土器は出てきました。きらめくような光と風のなかを。香炉にでもお使い戴けたらと思います」と手紙が添えられていた。

途方もなく遠い昔に、柔軟な心を持ったひとが作った器。高さが五センチばかりしかない湯呑み型の厚手の器。横に胴紐が一本、これが効いている。素朴な土器を掌に享けて、しみじみと土の香を嗅いだ。

早速灰を入れ、一本の香を炷《た》く。仕事の手が辛くなると、お茶を汲むように弥生の器に香を炷いた。

室内に立ち昇る変幻自在の白い煙。その行方を視ていたら、ふとこの年を見送っているような気がした。

あと少しで、新しい年がやって来る。この凋落の庭にも真新しい光が差すだろう。私は濡れ縁から立ち上がり、吉屋信子の「初暦知らぬ月日は美しく」の句を憶い泛かべていた。

ふきのとう

正月三ヶ日を過ぎたばかりのある午後、ふきのとうを届けてくれたひとがいた。

「お正月が暖かだったから、春と間違えて出て来てしまったのかな」

と言いながら、ふきのとうの入ったビニール袋をいただいた。

取り出してみると、ちょっとあわて者の春の到来者は、錆朱いろに鎮もった苞をしっかりと閉じていて、野に咲き出す頃の初々しい萌黄色《もえぎいろ》は、まだ奥深くに秘して眠ってでもいるようだった。

簡単に酒肴を整え、ふきのとうも金網の上で焦がさないようにさっと焙る。小鉢に盛り、もろみ味噌を添えて出した。花開いたものよりいささか苦味ばしっていたが、隙間風の入る寒々しいこたつの室で、ゆっくりと春を待つ想いが私達を浸していった。

「えっ？　ふきのとうを食べるの？　私、そんな残酷なこと出来ないわ」

と、以前友人の目ににらまれたことがある。

鎌倉にほど近い貝殻坂に棲んでいた時、裏庭に沢山のふきのとうが出た。山に遮られて陽当りの悪い庭では、早くて三月の下旬か、四月の初めにならないと、萌黄色の小さい塊にはお目にかかれない。枯野風情の庭に、ふきのとうがそっと顔を覗かせると、わが家にもやっと遅い春がやって来たという実感があった。

あけびの籠に挿したり、黒い塗り椀に浮かべたりして目で楽しんだ後、それらを食べるのだった。残酷と言われても、私はふきのとうを食べるのが好きだった。細かく刻んで味噌汁にぱっと散らした香りが、最も好ましかった。天ぷらにしたり、焙って生味噌で食べるのもオツな味だが、味噌汁が一番野性的な香りがした。

このところ年々、私は「野」に帰りたくなっている。都会生まれの都会育ちが不思議としか言いようがないのだが、緑濃い田舎で暮らしたくなっている。本来、野生である筈の人間としての血が、やっと今頃になって騒ぎ出したのだろうか。偶然移り棲んだ貝殻坂の地が、どこかしら鄙びた田舎のおもかげを残していたことも、いっそう私を「野」へと導いた。

交通量の多いバス通りの脇から、急な細い坂を一息に登ると、廻り舞台が現れたかのようにパッと風景が変わった。なだらかな山間《やまあい》の坂道の両側には、芒の葉や野茨、げんのしょうこ、きじむしろなどの目立たない花が咲きこぼれ、梅雨頃には薄紫のほたるぶくろが土手際でうつむいて雨に濡れていた。

目を上げると、晴れ渡った日には中空に富士が大きく絵のようにかかり、下方には瓦屋根の家々が竹林や杜に包まれて点在していた。そこに、私は五年近い日々を過した。

友人が訪ねて来れば、裏から野芹を摘み、さっと湯がいてゴマとのマヨネーズ和えにしたり、竹のざる一杯土筆《つくし》を取り、卵とじにして、もてなしたりした。

風の吹き抜けるのが気持ちよい季節、庭に続く奥の座敷の掃き出し窓のガラス戸を、全部取り外すのが好きだった。さっと視野が拡がって、サッシの窓に区切られた「こまぎれの庭」が、やっと本来の呼吸を取り戻すようだった。室と外との境目が薄れ、畳の上に坐っていても「野」に在るような心地がした。

西陽の差し始めた窓に、背の高いよしずを立てかけると、室内は海の底にでも沈んでいるかのような、ひっそりとした仄かな明るみが漂った。たっぷり水を打った庭は、青い苔が一面にふくらみ、竹の葉の露が横からの西陽を受けてきらきらと光っている。

「ここは、桃源郷ですね」

飲み干した茶碗をてのひらに包み込み、そう言ったひとがいた。

「これは、朝鮮……」

ええ、李朝ですと応えて、私もそのひとの掌に包まれた茶碗を見る。しみじみと見た。それだけで、よかった。わかっているひとに、初めての茶を差出す。往き交うものの無音のかそけさを聴いていた。

黙って連れて来て、ほら、ここよ、こんな庭になった、と告げたかったひとがいた。それ以上語らなくとも、庭先に立つだけで一切を察するだろうひとに、一服の茶を点てたかった。

その貝殻坂を離れると決めたとき、友人が別れの挨拶に来てくれた。私に、ではない。この家に、庭に、「貝殻坂」と呼んでなじんだ風景と月日に、別れを告げに来てくれたのだった。

もうあの庭はないだろう。県の団地を建てるための杭打ち工事が始まって、追われるように所沢へ引越した。

遊びに来る野鳥のために置いたパン皿の、その横に穴を通して「横取り」をしていた黒い手のもぐらも、もういないだろう。この山の主と言わんばかりに、雄然と這っていた二メートル近い縞蛇もきっと何処かへ逃げて行った。人間も野性の生きもの達も、いっせいに追い払われてしまう「開発」とはいったい何だろう。古い映画を憶い起こすように、貝殻坂での光景が時にスローモーションになって、私の心を呼び醒ます。

一つだけラップにくるんで残しておいたふきのとうを、翌朝みじん切りにして、熱い味噌汁に散らした。早春の香を切ない想いで飲み干し、野から遠く隔ってしまったここに、「野」を届けてくれるひと達の友情《こころ》をおもった。

会寧〈伝世〉の坏（李朝）　径 6.9cm 高さ 3.7cm

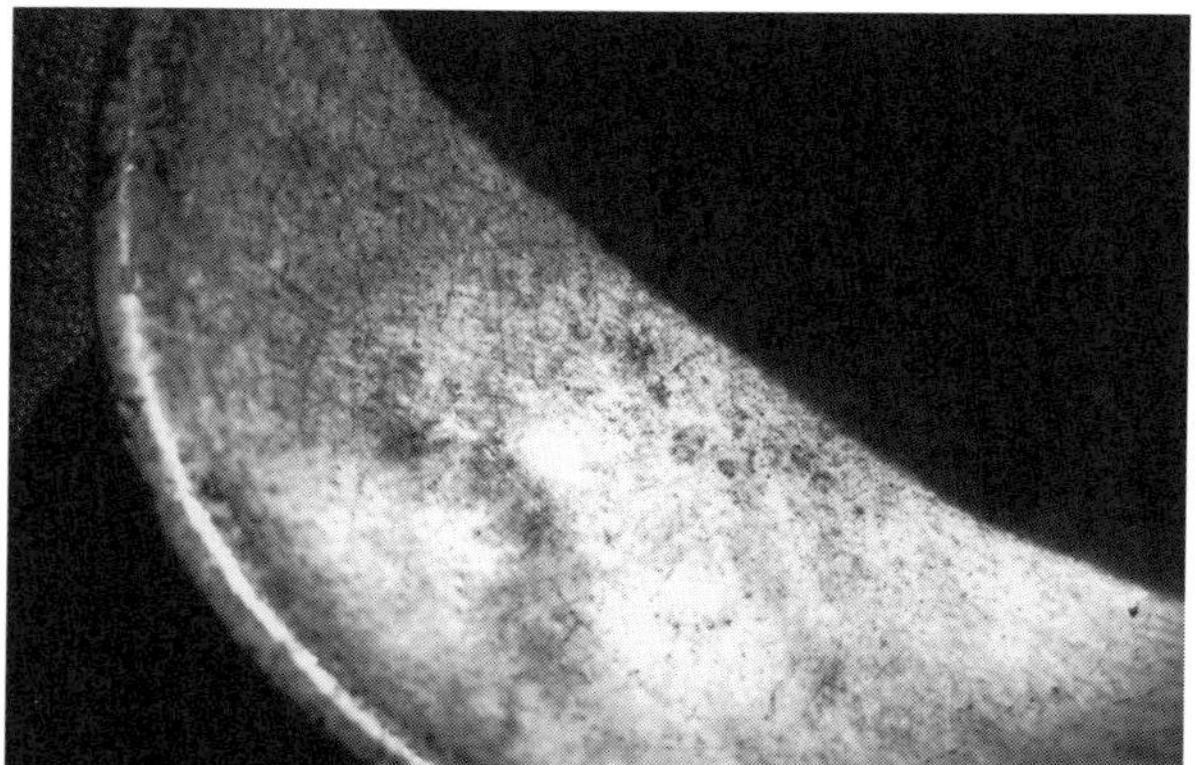

見込み部分

無常の坏

「日本語学校で学んでいた時、どうしてもわかりにくいのが、『ある』と『いる』だったんです」

姜《かん》さんは、日本の青年かと見紛うような自然なひびきの日本語を話した。

「ある」と「いる」？　意表を衝く彼の指摘に、頭の中が眩暈《めまい》のように回り出した。

「いろいろ考えましてね、『ある』というのは生命のないものに用いて、『いる』は生命の通っているもの、人間だとか、動物だとか、ね。そう区別したら、日本語の表現が解るようになってきました」

人がいる。猫がいる。壺がある。ああ、ほんとうにそうですね。日頃考えてもみませんでした、と受けて、韓国で生まれ育った一人の教養深い青年から、言葉を通じて数知れぬ示唆や啓発を得ていることに思い至った。

壺がある、人形がある、が文法上正確だとしても、時に生命通うものに壺も人形も含まれることがある。わが家ではね、壺がそこにいるんです、市松人形の桃子もね、箪笥の上にいるんですよ、と笑みかわしながら話した。

その時、藍木綿の敷物の上にひっそりと座す人形の桃子から、何か魂の揺らぎのようなものが、静かに発揚しているように思えた。知的で感受性の豊かな姜青年に、ひそやかな生命の気配が伝わらなかった筈はない。彼は大きく頷《うなず》きながらビールのグラスを傾けた。

脈打つ生命とは別に、かがよい出すもう一つのいのちが、誰が気づかなくともそれらには籠もっていることがある。死と生とを分かつごとく、生命のあるなしで境界線を引くだけだとしたら、この世は寒々しく虚しい世界に陥ってしまうだろう。物体も、生命体も、等しくいのち絡ませ合うつながり。魂の領域において、呼び呼ばれる境い目のない存在同士。はっと気づいて言葉を掬い取ると、しんじついのちが言葉の深みで息づいているのが視える。

祖国韓国の大学と、留学先の日本の大学とを卒業した姜さんの内部では、二つの国の言葉がどう出逢い、絡まり、綾なしているのだろう。母国語を封じられ、侵略国の日本語《ことば》だけを強要させられた受難の世代ではないとしても、彼の胸中に言葉と言葉でせめぎ合う苦渋は生じないだろうか。

姜さんは自分が感動した日本人のエッセイを、韓国語に翻訳して、『随筆文学』という韓国で発行されている月刊誌に時折発表しているという。翻訳という、二つの国の言葉が真っ向から出逢い、言葉と言葉との隙間を埋めてゆく綿密な作業は、言葉だけではない、言葉のうしろ側にあって目には立たないが、文体としてかもされてくる独自の香り高いニュアンスをも正確に記してゆく、実に神経をはらう仕事であるだろう。

翻訳って、大変なのではありませんか、と問いかけると、ぜんまいの煮つけをつついていた箸を休めて、

「生活環境なんかも違ってきたりするので、ぴったりくる語がみつからないということ

はありますね。そういう時に、もっとふさわしい言葉はないかどうか、調べたり考えたりします。ですから、自分にとっても語彙《ごい》が広がって豊かになってゆくような気がするんです」

私よりひと回り以上も年若い青年が、二つの国の間の目立たぬ場所にいて、まことの文化を手紡ぎしようとしている姿に、言いしれぬ感動を憶えた。

わが家に李朝のやきものは多くはないが、皿小鉢や茶碗、ぐい呑み、小壺などを戸棚から取り出して姜さんの前に並べた。こんなランプもあるのよ、火を点けてみましょうか、と白磁の手付き灯火器を持出すと、「ああ、懐かしいなあ。これ、おじいさんの家にいくとありましたねえ」と、少年のように頬をほころばせた。木製の台があり、そこに固定して使用するのだという。

マッチ棒で芯の先を調節してから姜さんがそれに火を点じた。灯油臭い匂いが立って、ほおっと赤い火が燃えた。火は、その場にいた友人たちを照らし、私や姜さんを照らし、ごく小さい炎はかそかに、かつ力に溢れて燃え続けた。

台の上の幾つかあったぐい呑みの中から、姜さんは北朝鮮の会寧《かいねい》を取り上げて、ちょっとこれでお酒を戴いてみようかなという。

「お酒をいれたら、この器の表情がどうなるのかなと思って」

彼は、疵《きず》だらけの一個の坏が負ってきたもの――歴史とか日常とよぶもの――に心を注いでいるようだった。海鼠《なまこ》釉が美しくかかり、高台《こうだい》は黒褐色の土見せになっている。安定感のよい掌になじむ小振りの坏に、漲っている律。姜さんは一呼吸に呑み干して、潤っている器を視た。

問いかけたい憶いを胸に仕舞って、私も無常の坏を視ている。言葉同士の往き交いがふと止んで、それぞれの精神《こころ》が羽搏き出すような一刻が流れた。

左／白磁ランプ（李朝末期）　右／アフリカ木彫像

白磁のランプ

二週間にわたる個展の間、私は一人の友人を待っていました。たぶん行けそうだと事前に聞いていた日に現れず、そして、とうとう彼は来ませんでした。

何故来られなかったのか、私には事情が判りませんでした。連日、深夜におよぶ仕事をしていることは知っていましたから、休暇がとれなかったのかもしれないと彼の健康を案じました。

しかし、そうではありませんでした。

私は彼、姜《かん》さんの深い苦悩と、電話を通じて対面することになってしまったのです。

何よりその苦悩は、私という人間から端を発した、生そのものの呻吟であったのだということも。

「僕は、蒴さんを一ばん上の姉のように思っていますから、ほんとうのことを話しますとね、個展にはとても行きたかったんです。初日の始まる前に、手に花一本持って、入口の所でドアの明くのを待っていたかった」

そこまでの想いをかけてくれていたのに、いいえ、かけてくれていたからこそ、姜さんは来ることが出来なかったのでしょう。

彼の痛切な声の響きが私を衝《う》ちます。

自分は社会人でなく、自然人に戻りたいのだという姜さんの人間としての叫びは、永年の私自身の苦しみでもありましたので、聴きながら若き日の自分に遇うような感慨がこみ上げ、胸がいっぱいになりました。私の手もとに、彼がいつか会場に現れたら渡そうと思っていた品物があります。

「姜さんにね、白磁のランプ差し上げたいので、それにつられて来てくださいね」

私は個展直前に、軽口を叩いてその旨を伝えていました。

もともとそれは、姜さんの国韓国の古い白磁で、掌にのる小さな手つき灯火器でした。

かつて、私の家で集ったとき、それを懐かしがった彼の手で点火してもらったことのある素朴な磁器です。それは彼自身の幼年期を照らし出すものでもあったのでしょう。

大学を出て社会人になった彼が、再び学ぶために大学院を目指す時期、私は彼の心に火を（灯を）ともし続けてくれるものを贈りたいと願いました。質素で力強い灯火器の火は、姜さん自身の生の行手をも明るませるものとなるに違いない、そう思えてなりませんでした。

ランプの火への想いは、私たちに等しく湧いていたものでした。

そうであるが故に、若い姜さんはその感受性のように性急なのです。その誠実すぎる性急さが、痛々しいほどでした。

「『一切のしがらみを捨てて、自由になりなさい』僕は、そう言われているような気がしたんです。萠さんからランプを貰って火を点けるということは、僕にとってそういうことです。けれども、今の自分から生まれ変わらなきゃ、火が点けられない。それが僕にはまだできません……」

訥々と語る姜さんの深い日本語を耳におさめながら、泣きたいような思いが私の体中を巡っていました。

日本に来て、私という社会から脱落した者と出遇ったがために、自らの生の拠点を揺さぶることになってしまったのでしょう。自己問答せずにいられない真摯さが、姜さんの人間としての美しさです。

ゆっくりでいいの、急がなくていいのよ、この苦しみはあなたの大事な宝になるわ。声にならない呟きで、喉の奥が溢れそうでした。

「萠さんがたくさんのものを捨ててきたように、いつか必ず、捨てて、手離して、ほんとの自由を得たいと思っています」

だから、心に灯をともしていてね、そういうつもりで姜さんにランプを贈りたいの、と話して長びいた電話を切りました。

私は明日、彼に宅配便で灯火器を送ろうと思います。

彼が何より好きな色だといった明治時代の藍染めの木綿で、あの白磁の下にあてる敷物を縫ったら、それもそっと荷物の中へしのばせましょう。大切な友人である姜さんに、今のこの切迫した苦悩のかけがえのない一刻を、永くその火の色と共に記憶にとどめておいてもらうために。

白磁の地蔵　佐藤勝彦作　高さ 7cm

壺に降る雪

朝目覚めたら、窓の向こうのブロック塀に雪が三十センチ程積もっていた。何年振りの大雪になるのだろう。

雪国のように昨日も一日中雪もよいで、ちらほら小雪の舞う中を郵便局まで出掛けたりした。手袋をはめていても、指先はしびれるように冷たい。

交叉点で信号を待っていると、どこか遠い街角に立っているような、新鮮な感覚が私を捉えた。傘も差さず、雪にまみれながら私の前を横切っていった見知らぬ人も、もしかしたら同じ感慨に包まれていたかもしれない。

たしかに、あの交叉点はいつもと違っていたのだ。

角の間口の狭いカメラ屋も、二十四時間営業のスーパーも、全面ガラス張りの米屋もいつもと同じ場所にあったのだけれど。車の流れは普段通り停滞がちで、そこにも白い雪だけが降りかかっていた。

佐藤勝彦*から電話がかかった時も、窓の外には雪が小止みなく降っていた。大地に水が沁み込むような、ゆったりした彼の言葉を聴いていると、勝彦の棲む大和の国も、きっと白い雪に美しく染められているような気がした。

「あんたは、ぽかんとしてるのがええ。そんなんがよう似合う」

もっと貧乏になるという私に、勝彦の声はどうしてそんなにも温かいのだろう。

――何かよい仕事がはやく見つかるといいですね。働くこと、収入を確保すること、大切な暮らしと私は思います。

数年前のどん底の時期、Kさんから届いた優等生の模範答案のような手紙に、心がこごえたのを思い出す。

収入を確保すること、働くこと、それらよりも時として大事なものが、目に見えないものに宿ったりする。私はそれを視ていたかった。

約束ずくめの日常を振り解いて、安らかな自由な日々に心を飛ばす。あんたは、いい暮らし方してると勝彦が言ってくれたが、私の出発を辿れば、若き日の勝彦に到達する。

偶然書店で手にした季刊雑誌「銀花」の二十四号（一九七五年発行　文化出版局）に、〈現代仏道人生〉として佐藤勝彦の特集が組まれていた。そして、発行された七万冊の「銀花」すべてに、勝彦の肉筆画が挿入されていたのだ。何も知らずにその号を買った私は、勝彦の〈事件〉に、見事に巻き込まれてしまった。

あれが〈事件〉でなくてなんだろう。

二十代の中ばまできて、人生の意味も、自分の存在すらも摑むことが出来ず、悶々として日を送っていた私に、「ええがな、ええがな」と、雑誌の中から語りかけてくれたのは勝彦その人だったのだ。ありとあらゆる一切の存在を、そのままに赦し、大きく抱擁する彼の言葉は、神のめざましい啓示のように私の魂を慄わせた。

あれから数十年。勝彦の野太い肉声が、ようやく私の耳にあたたかく届く。

私は夢を見ているような気がしていた。

以前出版した自著の『花と羅漢と』の話をする。

写真がいいという。カメラのことは何も判らない素人の私の写真が、「すごくいいよ」という。

「白黒の写真ちゅうもんは、こんなにええんかなと思いましたよ。どうやったらこんな風に写るんか、僕のお地蔵さんでも、これは実物より写真がずっとよろしいね」

たとえば花にね、朝の光が当って、ああきれいだなって思うでしょ。人間とか壺とかも同じですけど、一瞬の、その時の美しさっていうのかな、それを撮っておいてやりたい、残しておいてやりたいって思うんです。技術を使って写すんじゃなくって、そのものが一番ステキに見えるところをね。いつもカメラ持ってるわけじゃないし、いいなあと思った時だけ撮ります。だから、私の写真は偶然そんな風に写っちゃうだけ……。

「あ、そうか、いいなあ……と思って、それからカメラを持ち出してくるという、つまり、時間がね、こう、ゆっくり流れてるんだ、あんたには。それが、きっといいんだね」

電話線を通して、私と勝彦との間には現実の時間ではない、もうひとつ別の時間が悠然と流れ、ゆるやかに脈打っているようだった。

「常滑の、凄い壺があるなあ。平安のは、美の究極やねえ。それをあんたは買《こ》うた。」

はい、ぱっと視て、動けなくなりましたからね、半日位、じっと壺と並んで坐ってたんです。

「その大きい壺が、あんたの家の畳の上に置いてあるんだ」

その横に蒲団敷いてね、壺と並んで寝てますよ。狭いですから、わが家は。

「いゃあ、いいねえ。僕はね、今でも骨董屋に行くんですね。骨董だけは買いたいんやね。そのために、絵、描いてるのかもしれんなあ」

私も好きな骨董屋さんだけは行きます。買えないことが多いけど、それでも、何かあるの。行けば思いがけない可愛いものがね、待っててくれたりするんです。

「そうや。これが、なんかあるんやなあ」

ピッて、わかっちゃう。いいものが、向うから声かけてくれるみたいな、ね。

「それやな、あんたは僕の作ったもんでも、そうやって、ピッピッとええもんだけ引いてるんやろね」

そりゃあ、いいもんばっかり！　ピッピッとね。

そう言って二人で声合わせて笑い合った。

嬉しいような泣きたいような、言葉にならぬひとときの、これがもしかしたら至福と名付けられる時間なのかもしれないと思ったりした。


黒っぽい鉄砂で地蔵と魚を勢いよく描いた、唐津に似た勝彦の茶碗を、私は一つ持っている。それは、二十年近く前の個展で求めたもので、お薄を喫《の》むのにせっせと使っていたら、手を辷らせて口縁《こうえん》を二箇所小さく欠けさせてしまったことがあった。やむなく人に銀繕いの修理をお願いして、現在《いま》も遊びに来た友人たちに、お菓子を添えてお茶を出すのに使っている。はじめピカピカしていた銀も、歳月と共にいつの間にか沈んで、今は落着いた好ましい渋さに変わってきた。

それは、勝彦自身の年の重ね方にどこかしら似ている。まるで金太郎さんのようだった勝彦が、いつしか白髪まじりの頭になって、渋味ばしった男性に変わってきた。「くつ下なんか、毎日片方ずつ違うのはいてるよ」という茶目っけは、若い頃から変わらないけれども。

「あんたの本の中に、やきもんの割れた話があったでしょ。あれなんか、残念だねえ。僕だったら捨てないで、修理するけどなあ。割れて、そのまま捨てちゃうの、さみしいね」

あれは江戸中期のくらわんか手の皿の話だった。

友人に贈った皿が割れたので、その人はまた別の皿を探すという、どこの家にも起こる失敗だったが、おそらく破片になった皿は、そのまま継がれることなくゴミ箱へと消えてしまったのだろう。そんな寒々しい結末を想像することができたので、その人の話を私は黙ってただ聞いていたのだった。

勝彦なら、修理する。私も修理する。古いやきものと深く関わる人間の、時代に生きながらえてきたものへの慈しみは、割れたことで単純に消滅するわけがない。

割れてなお、かけらになってなお、である。

生命とは、そういうものではないだろうか。

勝彦は、やきものを単にやきもの（物質）と思ってはいないだろう。選んだ一枚のその皿は、もはや自分自身なのだということ。縁あって傍にやってきたものは、ものでありながらすでにものではないのだ。

それは、永遠が一瞬のまに宿ったりするようなことなのかもしれない。勝彦は、そんな痛みをあの巨体の全身に負っている。

「僕は、あんまり人には逢わんのです。家族とも逢わんしね。いつも独りです」

おのれを刻苦しつづける勝彦の厳しい孤高の精神が、そくそくと迫り私を揺さぶってやまない。

受話器を置いてから、しばらく窓の外を眺めていた。ストーブを赫々《あかあか》と燃やしていても、隙間だらけの家は冷えきったままだ。

雪はなおも霏々と降りしきり、私はまだ見ぬ大和の、勝彦の庭の百と並んだ大壺に降る雪を想っていた。

＊二〇一七年春　奈良にて病没

焼締め地蔵　佐藤勝彦作　高さ5cm　　漆塗こね鉢（明治時代）

孤独のまん中で

駅前のポストまで手紙を投函に行こうと玄関を出たら、いつの間にか雨が降り始めていた。ゴム長に履き替え、衿巻に顔を半分埋めてから傘をさす。

向かいの家の犬が、柵の外に出て、雨にその背を濡らしている。

チビちゃん、どうしたの。濡れちゃうよ。ちょっと頭を撫でると、嬉しげに太い尾を振って、「あそぼ」という顔をする。

私が離れかけると、すぐにいつもの切なげな、何かを諦めたような暗い目になった。

犬は、どうしてあんなにも哀しげなのだろう。

直截な喜びを全身に湛えている時でさえ、表裏一体になったあの目を、人間に向かって放つことがある。生まれてすぐに首環をはめられ、鎖につながれて、ちいさな囚人みたいだ。

ポストからの帰りにもう一度覗いたら、チビは、雨の庭にぼんやりと向こうをむいて突っ立っていた。

私はもう声をかけずに通り抜けてきた。

*

「僕は、約束というのが出来んのです。それに縛られるようで、駄目なんだね」

唐突に、佐藤勝彦の声が蘇る。

約束は、破るために歩いて来たようだった私の来し方も、今夜の冷たい雨にすっぽりと濡れている。

夜更けて雨は雪に変わるだろうか。美しく降り積むものが、私の上にも恵まれるだろうか。

ちらちらと降りかかる雪の道を、勝彦と二人で歩いているようだったあの日の電話に、今もなお、私は耳を傾けている。

言葉にならない人間の憶いの遥けさ。

大事な約束さえ振り解いて、こんなところへ来てしまった。誰も過去へは戻れないから、私は私の孤独を今夜も苦く嚙んでいる。

＊

伊万里のそば猪口に、熱い焙じ茶を淹れて飲む。寒夜の一杯のお茶の、なんという温みだろう。

お茶を飲みながら、昨日買って来たこの猪口を両手に受けて、〈伊万里〉を味わう。

私は本当に伊万里が好きなのだ。

厚ぼったい透明釉の掛け具合に難があったのか、あるいは焼けムラなのか、一部地肌に茶褐色の粒々が走っていて、疵はないものの安く購うことが出来てうれしかった。

江戸中期の伊万里の染付山水図で、私はこの凡庸きわまりない山水図に、心をいたくそそられる。

絵付は、簡素なこと無上で、初期の山水図に通じる間合いがある。正面には、崖の傍に愛らしい四阿《あづまや》が描かれ、横から裏面沿いに大空をよぎる雁の列。遠山は呉須の線でさっとあたり、ダミで淡くぼかしている。高さ六センチ、口径七・三センチの、小振りの猪口から生じる雅味深い情緒を、私はどう表現すれば足りるだろう。

昨日、帰宅してから就寝する前まで、殆んど目はそこに釘づけになっていた。視ても視ても、視足りない思いがした。今朝起きてからも、気づくといつしかそこへ視線は吸い寄せられている。

ああ、この猪口、そう思って幸福感に浸った。人間の幸福の度合いは人さまざまであるが、私は伊万里の猪口一つで生きていてよかったと思えるほどだ。

＊

「『ああこの気持』と喬は思った。『視ること、それはもうなにかなのだ。自分の魂の一部分或は全部がそれに乗り移ることなのだ』」

梶井基次郎の〝ある心の風景〟の一部を、詩人の故梅田卓夫さんはその著『消えない風景』に抜粋している。「ああこの気持」としか言いようのない感情が、私にも一個の古いやきものを視ていると、とめどもなく湧いてくる。

人間は、孤独だから不幸せなのではない。「ああこの気持」の酔うような至福を、孤独のまん中で味わうことだってできるのだ。

＊

私は小学生の頃に、当時流行《はや》っていた紙せっけんに夢中になったことがあった。

薄く透けた紙のような色つきの石けんが、何枚か重なってビニールの容れ物に入り、駄菓子屋の小暗い店の隅っこに束ねられて売られていたのだ。いくらで買ったのか忘れてしまったが、私は秘密のナイフでも隠しているように、いつもスカートのポケットにしのばせていた。

時々ポケットに手を突っ込み、ビニールの袋の感触を確かめる。友達と別れてからそっと袋を取出し、ぷうーんとなんとも言えない清潔そうな匂いを嗅ぐ。そうして、中の薄っぺらい紙せっけんを視つめるのだ。

実用品というにはあまりにも儚なげな美しい紙せっけんを、私は使用することが出来なかった。白く泡立って露と消えてしまうのが、子どもなりに惜しかったのだろう。

あの清らかな蜻蛉《とんぼ》の羽のような半透明の紙せっけんは、視つめているだけで子どもの心を満たした。

「視ること、それはもうなにか」であった。

それほど好きだった紙せっけんも、いつの間にかポケットから消えて、足早に何かが通り過ぎていってしまったが、もしかしたら私は〝紙せっけん〟のようなものを、伊万里のやきものや常滑の壺に今も視ているだけなのかもしれない、と思って苦笑する。

初期伊万里蝶図皿（江戸時代初期）　径 14cm

廊下の長椅子に腰を下ろして

二十代の初めの頃、知り合ったばかりの友人の部屋を訪うと、明治時代の夢のような洋燈《ランプ》に灯をともしてくれたことがあった。

「旅先で見つけてね、どうしてもって譲ってもらったの」

友がやわらかく微笑んだときの驚きは、ちょっと言葉がないほどだった。私には未知の、こんなに美しく浄らかな世界があるということ。現代の中にかつての時代が息づき、紛れ込んでいるという認識は、大きな事件のように私の心を揺すぶった。

その日以来、ある意味で古民具や古陶磁の世界へと突っ走ることになるのだが、私は自分の〈眼〉などまだ何ひとつ持っていない新参者だった。単純に嗜好だけでものを見ていたが、その嗜好の中身もあやしかった。経験の浅い未熟な人間が、焦って歩き回っても、〈眼〉は深まるわけがなかった。

よくわからないままに、伊万里のくらわんかやそば猪口、李朝などという響きに、妙に惹かれた。発掘の初期伊万里とも知らず、「この蝶は、何かが違う。凄い……」と目を奪われた小皿は、古民芸店の店主のコレクションだったが、日参して遂に譲ってもらった。殆ど同じ時期に、平安末期の大壺などにも熱を上げた。

ある店で、初めて見た大甕のぶち割れの残像は、一篇の詩のように永く忘れられなかった。「破形の美」という語を、柳宗悦は『奇数の美』（柳宗悦選集六巻、昭和三十年六月）で用いたが、口辺から張り出している胴部にかけて、三分の一程欠損した鎌倉期の古常滑は、見事な「破形」を示して沈思していた。

どうやら私は端正で上品に整えられたものよりも、動と静、光と闇を同時に内包させている、「破形」の存在に惹かれるようだった。

三十代に入って名古屋から鎌倉へ転居し、古民芸に造詣の深いTさんと出会った。

日本民藝館も、柳宗悦の著作も知らないという私を、その人は半ばあきれながら東大駒場に在る日本民藝館へと案内してくださった。

寒い日だったのを、憶えている。

館内の暖房は、李朝の巨大な鉄鍋（?）に、炭火が活けられているばかり。私は展示室のその大火鉢に近づいて、幾度も冷えきった手を翳《かざ》した。あの安堵そのもののような深い静かな火の色は、三十数年を経ても消えることはない。

李朝の部屋も、伊万里の部屋も浄らかで、ものが内在している慎ましい健やかさに澄んでいた。私は棚や硝子のケースからひとつずつ取り出して、それらものが放つ、いのちの初々しい軽み重みを感受したい誘惑に駆られた。

展示棚に納められていても、それらはまっすぐ私に語りかけてきた。広い館内の一隅に立ち、私が見ているのだけれど、ものたちからほんとうは見られているのだ、と思った。心の在り処、美の在り処を問うている、と。小さな撫子文の猪口からも、その涼やかな声が聴こえた。

あの冬の日。私は、かつてない体験をしたのだと思う。

野仏や甕の散在する簡素な庭、漆喰壁の美しい建物、階段の流れるような手摺、電燈の白い硝子の傘や、窓の障子、休憩用に廊下に置かれた背もたれの高い長椅子に至るまで、柳宗悦たち先駆者の、濁りのない祈りの眼が館内の隅々にまでいき渡り、初めて訪れた私にも滲《し》み通るように伝わった。長屋門を一歩入れば、美への問いと応えが、人それぞれの形で、それぞれの希いのように差し出されている至福を、思わないわけにはいかない。

大きな、それでいて慎ましい館全容が静謐な光を醸し、敬虔な響きに沈む。私はまさしくその恩恵の只中にいたのである。

三十年ほど前から、私は街中の古い小さな借家に猫と暮らしている。ブロック塀で区切られただけの何もない場所に、竹を植え、木槿や山紫陽花、白山吹や水引草を植えて風の音《ね》に耳を澄ます。時が止まったようですね、と人は言うが、草木や虫や小さな生きものたちの緩やかな時間が、この一郭には流れている。

若い日に、〈民藝〉や柳宗悦の〝美の洗礼〟を受けた者が、墨を摺り、あるいはペンを握ってここで生きようとするとき、その思想は私の背骨をしっかりと支えているのを思う。

この荒んだ世に心寒くなる日は、折々に駒場へ出かけて行く。あの懐かしい灯りにすっぽりと包まれ、展示の品々と心ゆくまで対話する。廊下の、イギリスの長椅子に腰を下ろして、私はわが原郷へ帰ったような深い呼吸を取り戻すのである。

蘭図としのぎ手の初期伊万里猪口（桃山〜江戸時代初期）桂木一八旧蔵

山ほろしの花

「昔、雑誌で見たんですが、秦秀雄先生が桂木一八さんのしのぎ手の花入れに、山ほろしを活けてらしたんです。その花がずっと忘れられなくて。ようやく探し求めて育てています。挿木をしたら何鉢にも増えたのでお持ちしましたよ」

と、花びとの紫乃《しの》さんは黒っぽい縦縞の着物の衿をそっと搔き合わせ、ゆるやかに弧を描いて伸びた枝先の、茄子に似た小花を視つめている。

星型にぽっちり開花した山ほろしは、薄紫から白へ徐々にその色を変え、立ち上がった黄色い花芯は無邪気な愛らしい容《すがた》をしていた。山ほろしという浮世離れした名前は、どこかで聞いたことがあるような、ないような、儚い印象が花の容《すがた》と共に心に沁みるようだった。

彼女の口から、秦秀雄さんや桂木一八さんの名前が花に託して身近な人の如く語られると、私にも忘れがたい人として憶いがこみ上げる。

お伺いしますと手紙で約束した日の未明に、永く病床にあった秦さんは突如亡くなってしまわれた。早朝に電報をもらって、その事実を知った際の衝撃は、一瞬にして世界が真っ白になってしまったかとおもわれた。

あれから幾十年、何かが足早に駈け抜けていった。紫乃さんは、その歳月をかけて一念の花を咲かせ、私は自分の裡の茫漠たる遠い風景ばかりを視てきた。

安曇野在住の作陶家桂木一八さんがわが家を訪ねて来られたのは、小雨降る日の暮れ方であった。何故彼がこの貧屋に足を向けたのか、憶えば秦さんをめぐる縁としか言いようがない。

その夜、彼が上着のポケットにしのばせてきた古伊万里の猪口で酒を酌み交わし、夜更けまで〈珍品堂主人・秦秀雄〉を語り、やきものを語った。

「昨晩はこの猪口でね、咄家《はなしか》の小満《こま》んちゃんと夜明けまで呑んじゃったよ」

いたずらっぽい目をして一八さんは言う。そして、なんとそのしのぎ手と染付蘭図の古伊万里を、二つとも置いていってくれるというのだ。夢の猪口を二個も頂戴して、私は酔うよりも先にのぼせ上がってしまった。しみじみと私たちは蘭の図を愛で、磁肌を愛でながら初冬の酒を味わった。

徳利は、家に何本かある一八作の面取り白磁であったり、秋草図であったりした。

「おっ、こいつ。こんな所に居たんか」

彼は自分の子にばったり往き合ったように、自作の秋草の徳利をかわいいなあと抱え込む。

一八さんのやきものは、古伊万里に似て雅味横溢する図が磁肌に伸び伸びと描かれ、そのコクのある透明釉、造型の健康的な逞しさは、秦さんが慈しんだのもむべなるかなと思われた。わが家の戸棚には、伊万里や李朝、佐藤勝彦の器などと並んで彼の作もいくつか納まっている。

ごく小さな楕円形の豆皿に、澄んだ風が吹いて辰砂《しんしゃ》の花がなびいている。ひさご型の変形皿には、萩の緋色が秋の詩情に揺れ、飯碗の掌に受けた角度の微妙さ、見込みの豊かさ。日常に用い、日々心洗われる器たちである。

秦さんの自宅での近親者のみの密葬に、一八さんは午後から駆けつけ、私は溢れる泪をとどめようもなく、葬送後に彼とすれ違いの恰好で帰宅した。

「あの日、ばあちゃんの三味線でね、一晩中かっぽれを踊ったんだよ。蒴ちゃんも残っていればよかったのに」

一八さんの問わず語りを聴いていると、あの日の光景が浄土を踏んだようなのどけさで憶い出された。

秦さん宅の玄関を上がって庭に面した座敷に通された時、御棺の真上の電灯の傘が目に映った。紅く縁どりされたフリル状の明治期の硝子の傘は、いかにも秦さんそのひとのロマンを憶わせて、ハイカラでお洒落な風情にともっていた。表にはにぎにぎしい花環飾りなど一本も並ばない、けれども晩秋にふさわしい簡素で清冽な野辺の送りであった。

安曇野に在所のある友人がこの夏帰省して、一八さんの土心窯を初めて訪ねてきたという。

「一八さんはTシャツにかわいいモンペをはいてね、木陰で寝っころがりながら外国の絵本を眺めていたのよ」

電話での友人の声が弾んでいる。信州の山河に融け込んだ自然人桂木一八の風貌が、目に泛かぶような話であった。少し前の小雨けむる夜のことが瞼の奥に点滅し、一度も逢うことの叶わなかった秦さんとの出逢いが、山ほろしの花のように現在《いま》も浄らかに私を包んでくれていることをおもった。

貝母《ばいも》一輪

磨硝子のはまった窓に午後の西陽が射して、竹の影がさらさらと揺れている。いっとき強い風が吹き、葉群が烈しく乱舞する。

風と葉と光との、宿縁の如き邂逅。

ぼんやりして私は、それらの影模様をいつものようになぞっている。

ものの影は、ものではないのに、何故こんなに光明を伝えてくるのだろう。気配がものを超える一瞬を、影は識っているのだ。

陽が家の向こう側へ隠れてしまうまで、さんざめく葉群の影の幻惑が続く。炎暑の季節の容赦ない西陽を厭《いと》いながら、それでも私は陽射しを、陽射しに含まれている影を慈しむ。

＊

久し振りに立ち寄った骨董店で茶碗などを見せてもらっていたら、不意に背後から声をかけられた。友人の油絵の個展会場で会ったことのあるMさんが、真後ろに微笑んで佇んでいる。

「こんな処でお目にかかれるなんて、思ってもいませんでした」

頷いて微笑みを返しながら、彼女の手の、透けたセロファンにくるまれた花に視線が誘われていく。ほっそりした丈高い一重の草色の花は、ほっと息を吐いているような、ゆるやかな眠りにたゆたっているような、慎ましい風情の姿《なり》をしていた。

「ばいも、なんです。お逢いできた記念に、これ、貰って戴けますか？」

花を手渡されて逡巡している私に、自分のはまたあとで買いますからと、心尽しの声が華やいでとどいた。

ばいも、と彼女が花の名を口にした時、貝母はそれまでの寛ぎから醒めて、ぱっとその顔を緊張に輝かせたようだった。

私は花（華道）を識らず、まして茶花とは隔たった場所《ところ》にいるが、おそらくMさんは、花と対極の点でしかない私自身の佗しい位置を察知しておられただろう。

しかし、偶然の出逢いへ、持っている花を手渡してしまわずにはいられない彼女自身の生命の漲りが、私にはうれしかった。

貝母百合の、一輪が醸す天然のまたたきに、私は鋭く鋏を入れられるだろうか。

今にも崩折れてしまいそうでいて、背筋の伸びた華奢な花のたたずまいは、夢二の絵の女人のようにも見える。

＊

その夜、画家の熊谷榧さんと約束があり、時間より早く着いた私は、熊谷守一美術館で森岡成好さん作の、面取りの口がきゅっと締まった徳利を借りて貝母をそこに挿した。登窯で八日間焼き締めたという手取りの重い徳利は、楚々と咲く貝母一輪と出逢うために、灼熱の炎をくぐって生まれ出たかとおもわれた。幾つか並んでいた徳利の中で迷わずその一本を選んだが、それは私の目が選んだというわけではなかった。

花が、自ら招いたのだ。私の手はただそれに従って、どっしりとした重量感のある徳利を引き寄せただけにすぎない。人間のなせることはなにもないのだと、草花と器との邂逅を視ている。

「花の雰囲気が、黒百合に似てるわね」

樫さんは永年の山歩きで、高地に自生する黒百合に幾たびも巡り逢っているのだろう。

ワイングラスを傾け、私たちは卓上の花を目の端に捉えながら話し続けた。

「そうそう。父（熊谷守一）の作品の鑑定依頼が来てるのよ」

そう言いながら榧さんはグラスの手を置いて、宅配便の荷を解く。包みの中からは桐箱が現われ、その蓋上に〇印が墨書されている。掛軸を取り出し、壁面に拡げたのをその場にいた四人で眺めた。

「これはまた下手な丸だわね。全然駄目。落款《らっかん》の字もなってないし、印面が隠れるように押してあるのも不自然ね」

こんなひどいものよく送って寄こすよ、と口々に言い合ったが、ものの真贋《しんがん》とはいったいなんであろうか。

目に入った瞬間、私には、その円相図が印刷物にしか視えなかった。たとえ偽物にせよ、画仙紙に直接墨書したものであるのなら、立体感を思わせる感触が紙面から立ちのぼる筈である。しかし、表具は別にして既に紙面そのものが呼吸を止め、死んでしまっているようだった。それは落款の寸法の異なりや、書かれている円相が無表情という以前に、自ずから贋物であることを吐露しているようにおもわれた。

真筆に限りがあれば、人気に乗じて贋物は雑菌のようにはびこるのだろう。いつの世も、人間の欲望の成せる愚かな所作である。

それらあまたの偽物は、真筆の影であるのだろうか。そこに一条の光明が宿らぬ限り、影、影とはいえないにちがいない。
影は光を含み、光には影が添っているのだ。

初期伊万里陶片（江戸時代初期）　径 19cm

世界は無尽蔵

例えば、一部を残して口縁部がばりばりに欠けている皿。窯の熱に煽られたのか、中央部が盛り上がり、縁全体がへたり込んで表面は平らではない。その上、哀れなほど磁肌一面が細かくあばた状になっていて、永年土中にあったときの土の粒子をしっかりそこにたくわえている。

誰が見ても無残な皿だろう。しかし、目にした瞬間私はこの残欠を抱え込んでしまっていた。

日本で初めて磁器が焼成された頃の、伊万里の遺品。何故人の心を一気に鷲摑《わしづか》みにするようなものが、初期伊万里の破片にはあるのだろう。ろくろを挽き、山呉須《やまごす》（青の染料）で生気溌剌《はつらつ》とした山水図を描いてしまったのは、豊臣秀吉に連行された隣国朝鮮の陶工の一人だろうか。初期伊万里の陶片は、これまでにもいくつか買っていて、磁肌のきわめて美しいものもあるけれど、この皿に関しては水墨画を見るような山水図に私はいたく惹かれた。

皿中央の左側に山の高みが描かれ、その稜線が力強い筆致で右下方へと伸びている。手前の山の背後に、淡い呉須で遠景としての山脈が描かれ、その配置で右側の広々とした余白が海だとわかる。入江になっているのだろう。海である空白部分には、素っ気ないような短い横線がいくつも並んで引かれているが、これはおそらく雁の群れだと思われる。

ただそれだけの絵である。いかにも粗略な図だ。しかし、染付の藍の濃淡といい、大筆の大胆な線描といい、頂上の見えるはずもない樹木や遠景の繊細な筆致も、子どもが描いたような矛盾をはらんで雅味が溢れる。描かれている山脈と、描いていない海と空。そこに何があるというのか。この海は、故国朝鮮につながっているのだろうか。異土に骨を埋めるつもりでろくろを挽き、絵付をする陶工に去来する望郷の念。眼前の山容を描きつつ、そこに郷里の山を想う。

一枚の中皿の内に山があり、描かれていないがゆえになお海と空が存在する。自然界から隔絶された都市に棲む私にも、それら大いなる山水が存在するということを、その伊万里の残欠は示している。私はそれを古箪笥の上にそっと立てかけて、日に幾度となく目をとめる。私自身の源境でもあるそこへ、いつか還り着きたい。


好きな音楽はいろいろあるけれど、例えばラフマニノフの前奏曲嬰ト短調という、演奏時間が三分程の小品がある。同じロシアのピアニスト、ウラジーミル・トロップの『ロシア・ピアノ小品集』というCDのラストに、その曲が入っていた。あまりにも美しいこの曲を、私はこれまでに何度聴いたことかしれない。これは音楽と呼ぶものでなく、天上の調べがピアノを借りるとこんな音色になってしまった、という気がするほどだ。

曲の始まりで、慎ましくやわらかくかつ激しいトレモロが格調高く鳴りひびくと、新しい景色、新しいコトがこの世界に満ちて動き出して行くのがわかる。そのさなかを、モノローグのような低音の主旋律が、嘆息を鎮めつつ語り継いでいく。

もしかしたらこれは、ひとつの愛の終焉《しゅうえん》。あるいは、追憶の声。長い歳月に散在する哀歓の、光と影の露われに、すべては瞬くまのことであるのをこの小品は気づかせてくれる。「トロイカの鐘の音を思わせる分散和音が響きつづける」と解説書には記されていたが、それはトロイカかもしれないし、トロイカでなくともいいのだ。

ラフマニノフが二十世紀初頭を過ごした地、イワノフカというモスクワの南東約四百キロの地での、肥沃な自然に恵まれた別荘で、かの作曲家は触れつづけた美しい風光を音の譜に写しとらずにはいられなかった。二度と還らぬ日の煌きを永遠のものとするために。

街中の、狭い借家の一隅で、私は見知らぬ広大なロシアの大気の、痛いくらい張りつめた香を吸い込む。そうして、人を愛した日々を憶い出す。私の裡になお消え去ることのない遠い哀しみ。去って行くもの、別れて行くほかないものへ、祈りのように差し出される純一の音色を、聴いている。

雪が吹雪いて野面を走り、原野を白一色に染めていく、あの眩《まばゆ》い激しい天の営み。ウラジーミル・トロップの硬質で澄明なピアノは、幻の風景を現出させ、溢れほとばしるものの彼方へと、果てしなく魂をいざなって行くのだ。

例えば、と古陶や音楽について書き綴ったが。心惹かれるものは無数にあって（世界はそんなにも無尽蔵で）、それら惹かれるものとの対話が、暮らしなのだと思う。肥大しつづける物質文明に犯された社会の底で、私は目立たぬしごとに乏しい灯りをともす貧者にすぎないが、同居している猫ところげまわって遊ぶだけでも一日はとっぷりと暮れ、その幸福感ははかりしれない。

あとがき

数日前に、東京の西荻窪にある雑貨や小物の店〈ルーペ〉さんで小さい罎《ビン》を買った。（ヨーロッパの古いガラスビン）と札に書かれていたそれは、いったいどこの物なのか、時代もよくは判らない。一五〇〇円という安価な値札が付いていたのに、前回寄ったとき何故か買えなかった。そういうなさけないことが私には時折起こる。だが幸いなことに、片側に少し傾いた（失敗作の）その罎は、展示場所を変えられてまだ棚上に在った。よかったね。誰にも見つからなくて。私は思わず自分の心に言った。

それは高さが五センチ程の透明な型硝子《ガラス》で、薄い水色をしている。胴のふくらみ部分は六面に面取りされていて、十七ミリある首はまっすぐに立ち上がった円筒状だ。何故か口縁部は尖っていてギザギザである。

この寸法は、インク壜だったのだろうか。傾き加減の、面取りの姿が醸し出す風情も素敵だけれど、手に持って光に翳《かざ》すと、大小微塵の気泡が無数に燦《きら》めき出す。永久に硝子の中に閉じ籠められてしまった気泡たち。白いその粒々点々が、はからずも織りなす天体宇宙の如き美しさは、私の貧しい言葉では伝えられないほどだ。

世に硝子の名品遺品は数しれないとしても、私たち庶民のための暮らしの道具に、このような慎ましい美が埋《うず》もれていることに私は感動せずにはいられない。作られて百年経っていないだろうそれを、〈骨董〉とは呼ばないとしても、私はかくも心ときめかせてくれた一個の粗末な壜に、水を入れ、道端に咲き出したばかりのなずなを一りん挿そうとおもう。

この度の本は、現代《いま》の時代での刊行は無理かと諦めかけていたとき、不意に鈴木比佐雄さんの名前がランプに点燈された炎《ひ》のように、ぽっと目裏に泛かび上がった。不思議なことだった。

二十年ばかり昔から、まだコールサック社を起こす以前の、詩人としての鈴木さんを私は存知上げている。私の書の個展にも二、三度来てくれていて、あの頃からの繊《ほそ》い繊い糸が、こうして現在につながっていったことに改めて〈縁〉という語が思われ、頭をふかく垂れずにはいられない。

同社の装幀家奥川はるみさんにも、私一人では気づきようもなかった斬新な提案を数々して頂き、とても鮮烈な体験だった。大きな安心に包まれてこの本作りが始まったことに、心より感謝を述べたいとおもう。

願はくは、読者の方々の胸ふかくに、このささやかな一書が灯《とも》されてゆきますようにと祈りつつ。

著者

略歴

山本　萠（やまもと　もえぎ）

一九四八年一月大阪市生まれ。二十代半ばより骨董に魅せられ、古美術評論家の秦秀雄とその著書を通じて出会う。
一九八六年より埼玉県所沢市の街中に、古い家を借りて猫と暮らす。一九八九年より一九九七年頃まで骨董の月刊誌『小さな蕾』誌上に、エッセイと写真で綴る〈萠庵日記〉を連載。現在は、一人の季刊詩誌『雲の戸』を発行。クレパス画などによるカレンダーも毎年刊行し、団体に属さないで書や画の個展を主に活動する。
著書に『萠庵春秋』『花と羅漢と』（以上山梨ふるさと文庫）、『花の声』『祈り』『風の庵』『花に聴く』〈日本図書館協会選定図書〉『花の世』（以上リサイクル文化社）、『墨の伝言《ことづて》』〈日本図書館協会選定図書〉（法藏館）、『古い扉の前で』（ふきのとう書房）、『鈴鳴らすひと』（ひとなる書房）、『沈黙の…深い声』（産心社）、『椅子の上の時間』（書肆夢ゝ）
他に、詩集『寒い駅で』（'18刊）など八冊。書文集『山本萠　山頭火を書く』『墨の詩抄　わたしの出会った詩人たち』（ふきのとう書房）。素描集、詩画冊子など多数。

石炭袋

山本 萠『こたつの上の水滴 萠庵骨董雑記《もえぎあんこっとうざっき》』

2019年4月7日 初版発行

著者 山本 萠

編集・発行者 鈴木比佐雄

発行所 株式会社 コールサック社
〒173-0004 東京都板橋区板橋 2-63-4-209
電話 03-5944-3258 FAX 03-5944-3238
suzuki@coal-sack.com http://www.coal-sack.com

郵便振替 00180-4-741802
印刷管理 （株）コールサック社 制作部

＊写真／構成 山本 萠 ＊装丁 奥川はるみ

落丁本、乱丁本はお取り替えいたします。
ISBN978-4-86435-379-3 C1095 ￥1800E